RÉFORME DES FINANCES PUBLIQUES AU MALI :

Approche comparée avec l'expérience française

Simbo TOUNKARA

RÉFORME DES FINANCES PUBLIQUES AU MALI :

Approche comparée avec l'expérience française

Préface de Souleymane Goundiam

L'Harmattan
Mali

5-7, rue de l'École-Polytechnique ; 75005 Paris

http://www.librairieharmattan.com

ISBN : 978-2-343-20673-8
EAN : 9782343206738

DÉDICACE

À

Ma mère, Mama Soucko ;
Mon défunt père, Sidiki Tounkara ;
Mes frères et sœurs ;
Et à tous ceux qui m'ont soutenu et cru en moi !

REMERCIEMENTS

Ce livre est le fruit d'une longue quête faite d'échanges interactifs avec des acteurs clés de la réforme des finances publiques au Mali notamment les cadres du Ministère de l'Économie et des Finances, de l'Assemblée nationale, du Ministère de l'Éducation Nationale (MEN), du Ministère de l'Emploi et de la Formation Professionnelle (MEFP), du Ministère de l'Enseignement Supérieur et de la Recherche Scientifique (MESRS), du Ministère du Dialogue social, du Travail et de la Fonction publique, des structures en charge des Réformes Institutionnelles et des Relations avec la Société Civile, des Autorités administratives indépendantes (ARMDS, OCLEI, BVG), et de la Section des comptes de la Cour suprême. C'est donc une contribution résultant d'une démarche collégiale au service de la réforme.

Je voudrais mentionner spécialement messieurs Christophe Pierucci, Abdoulaye Traoré et Sidiki Traoré respectivement Maîtres de Conférences en Droit public à l'Université Paris I Panthéon-Sorbonne, Coordinateur de la Cellule d'Appui à la Réforme des Finances publiques et Directeur Général du Budget au Mali qui m'ont fait l'honneur d'accompagner techniquement cette activité de recherche.

Enfin, j'adresse aussi mon infinie gratitude à tous ceux qui, de près ou de loin, ont contribué généreusement à la réalisation de cet ouvrage que j'offre modestement à l'ensemble de la communauté scientifique et aux décideurs politiques pour les aider à ériger un nouveau Mali.

PREFACE

Depuis les changements institutionnels intervenus en 1991, les gouvernements successifs du Mali ont engagé de nombreuses réformes pour répondre à la fois aux aspirations légitimes du peuple pour plus de liberté et de bien être et à la volonté de la communauté internationale de voir se réaliser dans notre pays les conditions pérennes d'un développement économique et social.

Au nombre de ces réformes figurent l'adoption d'une nouvelle constitution dès 1992 et la mise en place de nouvelles institutions censées garantir les libertés fondamentales et un fonctionnement démocratique de l'Etat.

Dans la foulée furent engagées, entre autres, les nouvelles réformes de la décentralisation, de la justice, du développement institutionnel et de l'éducation.

Dans le domaine de la gestion des finances publiques, l'une des préoccupations principales reste l'efficacité de la dépense publique. Outre l'installation et l'opération-nalisation de structures indépendantes pour endiguer la corruption et la déliquance financière comme le Bureau du Vérificateur Général et l'Office Central de Lutte contre l'Enrichissement Illicite, une réforme des finances publiques a été engagée depuis plusieurs années avec la mise en oeuvre du Plan d'actions gouvernementales pour la modernisation et l'amélioration de la gestion des finances publiques (PAGAM-GFP 2006-2010 et 2011-2015) et du Plan de réforme de la gestion des finances publiques au Mali (PREM 2017-2021).

Au fil du temps, beaucoup de ces réformes ont été confrontées aux dures réalités du pays et ont fait l'objet d'interrogations, de remises en cause, voire de controverses.

Ainsi en est-il de la relecture de la Constitution de 1992, de l'approfondissement de la décentralisation, de la politique éducative, etc.

Sans pour autant occulter les changements qualitatifs enregistrés dans la mise en oeuvre de ces réformes, il importe d'y jeter un regard critique et de proposer des solutions idoines aux problèmes rencontrés.

C'est dans cette optique que s'inscrit le présent ouvrage. Son auteur, Monsieur Simbo TOUNKARA, après avoir activement participé à la mise en œuvre de la réforme des finances publiques au Mali, a décidé de marquer une pause dans l'accomplissement de sa mission de Directeur des Finances et du Matériel d'un département ministériel pour, non seulement parfaire ses connaissances à l'ENA de France, mais aussi mener une réflexion approfondie dans le cadre d'un mémoire de recherche en Master 2 soutenu à l'Université de Strasbourg.

Le sujet de mémoire en dit long sur les intentions de l'étudiant : faire le bilan de la mise en œuvre de la réforme des finances publiques au Mali,à travers notamment la loi n° 2013-031 portant code de transparence dans la gestion des finances publiques et la loi n° 2013-028 du 11 juillet 2013 modifiée relative aux lois de finances, et dégager des perspectives en s'inspirant du modèle français. Dans cette démarche croisée, le même regard critique, dénué de toute complaisance, est jeté sur les deux réformes.

Certains outils de la recherche scientifique sont sollicités : revue documentaire, administation de questionnaires d'enquête et interviews de certains d'acteurs clés intervenant dans le processus de prépartion, d'exécution et de contrôle des « budgets programmes ».

De cette moisson est tiré un cocktail d'informations soumis à une grille d'analyse que l'auteur a voulu aussi rigoureuse que possible et dont les conclusions se traduisent par des propositions d'amélioration, mais aussi des remises en cause.

Par cette publication, l'auteur soumet, humblement, le fruit de son travail aux lecteurs, après l'avoir fait passer au crible d'un jury de soutenance de mémoire. Cet autre jury, celui des lecteurs, il le sait aussi exigeant, plus divers, allant de spécialistes qui ont « la main à la pâte » à des non initiés.

Puisse-il aider, par sa contribution, à l'approfondissement de la réflexion sur la réforme des finances publiques au Mali et à son appropriation par le plus grand nombre d'acteurs !

Souleymane Goundiam
Ancien Secrétaire général du
Ministère de l'Education Nationale

INTRODUCTION

Le Mali et six[1] autres pays de l'Afrique de l'ouest ont créé, le 10 janvier 1994, l'Union économique et monétaire ouest-africaine (UEMOA).

Les pays de l'UEMOA cherchent à moderniser leurs institutions, particulièrement l'administration publique, afin d'être en capacité d'assurer avec efficacité la conception, la mise en œuvre, le suivi et l'évaluation de politiques publiques crédibles, en droite ligne avec les priorités de développement et les préoccupations légitimes des populations. Cette modernisation des institutions passe par la bonne gouvernance, la transparence et la performance des structures afin d'améliorer subséquemment la qualité des services offerts aux usagers et aux citoyens.

L'atteinte de cet objectif passe par l'harmonisation des textes communautaires. Dans ce cadre, l'UEMOA a entrepris depuis sa création des réformes dans le domaine de la gestion des finances publiques.

Ainsi, entre 2009 et 2012, l'UEMOA a adopté de nouvelles Directives[2], fortement inspirées de la LOLF française, visant : (i) l'amélioration de l'efficacité de l'action publique, pour le bénéfice de tous (citoyens, usagers, contribuables et agents de l'État) et (ii) l'instauration d'une véritable transparence dans la gestion publique, en rendant

---

[1] Benin, Burkina-Faso, Côte d'Ivoire, Mali, Niger, Sénégal, Togo et depuis 1997 la Guinée-Bissau.

[2] (i) n°01/2009/CM/UEMOA portant code de transparence des finances publiques ; (ii) n°06/2009/CM/UEMOA relative aux lois de finances ; (iii) n°07/2009/CM/UEMOA portant règlement général de la comptabilité publique ; (iv) n°08/2009/CM/UEMOA portant nomenclature budgétaire de l'État ; (v) n°09/2009/CM/UEMOA portant plan comptable de l'État ; (vi) n°10/2009/CM/UEMOA portant tableau des opérations financières de l'État ; (vii) n°01/2011/CM/UEMOA portant régime financier des Collectivités territoriales et (viii) n°03/2012/CM/UEMOA portant comptabilité des matières.

plus lisibles les documents budgétaires à la fois pour le Parlement et pour le citoyen.

Cette réforme engendre plusieurs innovations à caractère budgétaire et comptable et en matière de contrôle.

Avec le vote en juillet 2013 par l'Assemblée nationale de la loi n° 2013-031 portant code de transparence dans la gestion des finances publiques et de la loi n° 2013-028 du 11 juillet 2013 relative aux lois de finances, le Mali s'est engagé dans l'application des réformes de troisième génération, d'inspiration communautaire, qui modifient substantiellement le cadre juridique de la gestion des finances publiques.

Cette nouvelle réforme touche toutes les étapes relatives à la loi de finances (LF), de la préparation au contrôle en passant par l'adoption et l'exécution.

Elle a pour ambition de passer d'une logique de moyens à une logique de résultats à travers un budget plus lisible, présenté par politiques publiques et orienté vers la performance.

Certes, des acquis se dégagent d'ores et déjà de sa mise en œuvre. Mais bien des défis restent à relever, notamment l'adhésion de tous les acteurs, la maitrise et l'utilisation effective des outils, la prise en compte de la déconcentration et de la décentralisation dans le processus de programmation et d'exécution, l'affirmation des nouveaux rôles et responsabilités des différents acteurs, la certification des comptes, l'évaluation des politiques publiques, la mise en place du contrôle de gestion, du contrôle interne et de l'audit interne, et la réorganisation territoriale de l'État.

En France, la loi organique relative aux lois de finances (LOLF) est, selon le site de la performance publique[3], « le texte déterminant le cadre juridique des lois de finances.»

Souvent assimilée à une « Constitution financière », cette loi organique vise à moderniser la gestion de l'État. Promulguée le 1er août 2001 et entrée en vigueur par étapes, elle s'applique à toute l'administration depuis 2006.

Elle a institué de nouvelles règles d'élaboration et d'exécution du budget de l'État. Elle introduit notamment une démarche de performance pour améliorer l'efficacité des politiques publiques, ce qui permet de faire passer l'État d'une logique de moyens à une logique de résultats.

Faire le bilan de la réforme malienne et envisager les perspectives de sa mise en œuvre à la lumière de celle de la LOLF en France, permettraient une meilleure compréhension et une meilleure appropriation par les acteurs des finances publiques.

Le choix d'une étude sur le bilan et les perspectives de la mise en œuvre de la nouvelle réforme des finances publiques en République du Mali, à travers une approche comparée avec la LOLF en France, obéit à un double intérêt sur le plan théorique et pratique.

Sur le plan théorique, le cadre des finances publiques de 1996, reposant sur une logique de moyen, a longtemps dévéloppé des pratiques peu performantes et des procédures relativement lourdes et inefficaces. En revanche, la loi n° 2013-031 portant code de transparence dans la gestion des finances publiques et la loi n° 2013-028 du 11 juillet 2013 relative aux lois de finances reposent sur la logique de résultats. Il apparait donc nécessaire d'analyser les innovations introduites dans les différentes phases

---

[3] www.performance-publique.budget.gouv.fr, consulté le 05 mai 2019.

budgétaires et d'évaluer les choix opérés au niveau communautaire.

Sur le plan pratique, après deux ans de basculement dans l'approche par programmes, il est important de faire ressortir les résultats produits par la réforme malienne, les contraintes rencontrées par les acteurs de la réforme ainsi que les perspectives qu'offre l'expérience française.

Ainsi, au regard des efforts fournis dans la mise en œuvre de cette réforme d'inspiration communautaire, il convient de se poser la question de savoir si toutes les intentions affichées par le gouvernement et traduites dans les différents intruments juridiques ont été comblées. Il s'agit aussi de voir, malgré des contextes social, économique et politique différents, les enseignements que le Mali pourrait tirer de l'expérience française de la LOLF pour faciliter la mise en œuvre de cette nouvelle réforme des finances publiques.

Au cours de cette démarche, il conviendra également de se demander comment la mise en place d'un État inspiré du modèle wébérien (en cours au Mali) s'accorde avec ce type de réforme de la gestion publique.

Dans la présente étude, la réforme des finances publiques ne sera pas examinée de façon exhaustive. Les aspectifs liés aux réformes des ressources publiques (fiscales et non fiscales) ne seront pas abordés.

Le but est de mieux valoriser la plus-value de cette réforme dans les différentes phases de préparation, d'adoption, d'exécution et du contrôle du budget.

Dans le souci de coller à la réalité, une enquête a été conduite auprès des acteurs clés en vue de recencer les changements intervenus, les difficultés rencontrées ainsi que les perspectives.

Au total, 22 questionnaires, globalement inspirés des rapports de la Cour des comptes relatifs à la mise en œuvre de la LOLF en France (en 2006 et 2011) ainsi que des différents guides français d'audit des programmes, ont été élaborés et diffusés auprès de 132 personnes[4].

Ces questionnaires ont été accompagnés d'entretiens téléphoniques, conduits pour compléter certaines informations spécifiques.

Les informations collectées ont été analysées avec la plus grande précaution (notamment à travers la triangulation) pour tenir compte des points de vue institutionnels ou corporatistes qui sont rarement neutres et impartiaux.

L'approche étant qualitative, cet échantillon de 132 personnes est donc volontairement non-représentatif. Le tableau qu'il permet de dresser n'est pas représentatif, au plan statistique, de l'ensemble des acteurs. Toutefois, il tient compte de la diversité des intervenants en charge de la réforme et met en évidence des résultats intéressants, qui devront être lus avec cette réserve.

Dans le cadre de cette étude, l'analyse des changements annoncés porteurs d'espoirs (Chapitre 1) nous permettra d'apprécier les résultats atteints (Chapitre 2) en vue de proposer des pistes d'amélioration au regard de l'expérience française de la LOLF (Chapitre 3).

---

[4]La collecte s'est déroulée du 6 juin 2019 au 30 août 2019 avec l'appui d'une équipe de collecte placée sous la supervision de responsables administratifs. Ainsi, le taux de réponse a été de 58,3%.

Malgré ce taux moyennement statisfaisant, la collecte a été confrontée à certaines difficultés notamment : (i) le faible intérêt de certaines structures pour l'étude ; (iii) la coïncidence avec les périodes d'élaboration du projet de loi de finances 2020 et l'organisation des examens de fin d'année scolaire au niveau de l'Education nationale, (iii) la mobilisation tardive des structures du MESRS faute de contacts fiables et (iv) la non maîtrise de la réforme par beaucoup d'acteurs. Néanmoins, un suivi très rapproché a permis d'apporter des solutions à certaines difficultés

Chapitre 1 :
Une réforme des finances publiques au Mali porteuse d'espoirs

La rénovation du corpus juridique encadrant les finances publiques a fait naitre au Mali, comme ce fut le cas en France, de nombreux espoirs de changements dans la gestion des affaires publiques.

En effet, la réforme des finances publiques, au-delà des innovations qu'elle apporte dans la nouvelle appréhension du budget, implique des changements dans la manière de gérer l'administration publique.

Amorcée en 2006 avec l'adoption du premier Plan d'Action du Gouvernement relatif à l'Amélioration et à la Modernisation de la Gestion des Finances Publiques au Mali (PAGAM/GFP I), cette réforme des finances publiques s'inscrit dans la durée pour aboutir à un changement en profondeur de l'administration publique. Pour la comprendre, il y a lieu d'examiner ses origines (section 1) et d'analyser les changements annoncés (section 2).

Section 1 : Une réforme d'origine communautaire

Contrairement à la France, la réforme des finances publiques au Mali est d'origine communautaire et non parlementaire.

Dans le cadre de l'harmonisation des textes communautaires, l'UEMOA a entrepris depuis sa création des réformes dans le domaine de la gestion des finances publiques.

Ainsi, entre 2009 et 2012, l'UEMOA a adopté de nouvelles Directives[5] dans le domaine de la gestion des finances publiques, dans un contexte spécifique (paragraphe 1) et avec des enjeux très ambitieux (paragraphe 2).

Paragraphe 1 : Un contexte justifiant la réforme

La réforme des finances publiques au niveau communautaire a été dictée par un contexte international et des réalités nationales ayant accéléré son adoption et sa mise en œuvre.

Afin de mieux comprendre la logique de la réforme des finances publiques dans l'espace communautaire, il serait nécessaire de présenter les influences extérieures (A) et le contexte particulier du Mali (B).

A. Une réforme sous influences extérieures

1. Les apports de la théorie néo-institutionnelle

La théorie néo-institutionnelle des organisations s'intéresse au caractère répétitif des actions au sein des organisations. Selon les néo-institutionnalistes, les organisations tendent au fil du temps à devenir de plus en plus homogènes sans toujours être plus performantes[6].

---

[5] (i) n°01/2009/CM/UEMOA portant code de transparence des finances publiques ; (ii) n°06/2009/CM/UEMOA relative aux lois de finances ; (iii) n°07/2009/CM/UEMOA portant règlement général de la comptabilité publique ; (iv) n°08/2009/CM/UEMOA portant nomenclature budgétaire de l'État ; (v) n°09/2009/CM/UEMOA portant plan comptable de l'État ; (vi) n°10/2009/CM/UEMOA portant tableau des opérations financières de l'État ; (vii) n°01/2011/CM/UEMOA portant régime financier des Collectivités territoriales et (viii) n°03/2012/CM/UEMOA portant comptabilité des matières.

[6]Meyer (Rowan), *«Institutionnal organizations: formal structure as myth an ceremony »*, American Journal of Sociology, vol.83, n°2, 1997, pages 340-363. DiMaggio (Paul J), Powel (Walter W), *« The Iron Case Revisited: Institutional Isomorphism and Collective Rationality in Organization Fields »*, American Sociological Review, 1983, pages 147-160.

Des organisations de taille moyenne ou petite cherchent à se conformer à des normes, à des valeurs, et de façon plus générale à des institutions. Selon DIMAGGIO et POWELL, cette volonté de conformité et cette recherche de légitimité peuvent être qualifiées d'isomorphisme institutionnel.

Ces mécanismes isomorphes expliquent en grande partie la conduite des réformes dans l'espace UEMOA.

L'isomorphisme coercitif : Selon Dimaggio et Powell, l'isomorphisme coercitif résulte non seulement des pressions exercées sur l'organisation par d'autres organisations desquelles elle dépend, mais également des attentes de la société dans laquelle elle exercice ses activités.

Les conditionnalités des aides et soutiens financiers auxquels font appel des pays en développement comme ceux de l'espace UEMOA peuvent être assimilées à une pression coercitive ou normative. Le non-respect des conditionnalités est immédiatement sanctionné par la suspension des financements. A cet effet, les finances publiques de l'espace UEMOA (y compris les réglementations) font régulièrement l'objet d'un suivi-évaluation par des experts mandatés (exemple : la mesure de la performance de la gestion des finances publiques selon la méthode PEFA).

L'isomorphisme mimétique : en déhors de tout mecanisme de coercition, une organisation peut être amenée à imiter une autre : c'est l'isomorphime mimétique. Confrontée à des situations incertaines où les choix à effectuer sont peu clairs et difficilement analysables,

---

Carpenter (Vivian L), Feroz (Ehsan H.), « *Institutional theory and accounting rule choice: an analysis of four US state gouvernments' decisions to adopt generaly accepted accounting principes* », Washington, Accounting, organizations and Society, Vol. 26, 2001, pages 565-596.

certaines organisations ont tendance à imiter leurs pairs dont elles estiment les pratiques modernes et plus performantes. Dès qu'une oganisation adopte une innovation, celle-ci devient largement admise et s'étend rapidement aux autres organisations[7].

En 1993, le « *Government and Performance Resulats Act* » a fixé le cadre d'un système de gestion par la performance dans l'administation fédérale américaine en prévoyant une planification par **objectifs** et la création des **indicateurs de résultats** afin de faciliter la présentation des comptes-rendus annuels de performance par les ministères et intitutions publiques.

D'autres pays ont par la suite tenté l'expérience. C'est le cas de la France avec l'adoption de la LOLF en 2001 pour rattraper les autres pays de l'OCDE dont elle fait partie. L'on pouvait lire ainsi dans la proposition de loi organique relative aux lois de finances « (...) notre pays accuse un retard préoccupant, s'agissant de la méthode de gestion publique, par rapport aux principaux pays de l'OCDE. Il convient de combler ce retard en assurant les conditions d'une gestion moderne et efficace »[8].

2. La réforme communautaire : une réforme inspirée du modèle français[9]

La réforme des finances publiques dans l'espace communautaire s'est fortement inspirée du modèle français, en l'occurrence la LOLF.

---

[7]Dejean (Frédérique), Saboly (Michèle), « La profession comptable : entre mimétisme et rivalité ? » Cahiers de recherche, IAE Toulouse, n° 175, juillet 2006, p. 1-18.

[8] Proposition de loi organique préparée par les législateurs français et à l'origine de la LOLF.

[9]Ralaimarolahy (Hajandraisoanirina), *Evaluation de la réforme budgétaire malgache*, sous la direction de Renaud Dorandeu, ENA, Université Paris Dauphine, Promotion Jean-Jacques Rousseau, 2010-2011.

Cette situation n'est pas isolée. En effet, l'administration et l'organisation administrative française ont été et sont toujours des modèles pour bon nombre d'anciennes colonies dont certains pays de l'UEMOA. Il en résulte de nombreux cadres législatifs et réglementaires pris sur le modèle de la législation française.

B. Une réforme nécessaire au regard du contexte national

1. Le contexte général[10]

Pays enclavé de l'Afrique occidentale, le Mali, avec 1 241 238 kilomètres carrés de superficie, partage plus de 7000 km de frontières avec sept pays : la Mauritanie, l'Algérie, le Niger, le Burkina Faso, la Côte d'Ivoire, la Guinée et le Sénégal.

Avec quelques 18,5 millions d'habitants[11] en 2018 et un produit intérieur brut (PIB) de 15,334 milliards de dollars américains[12] en 2018, le Mali figure parmi les 47[13] pays les moins avancés du monde. La pauvreté y reste préoccupante. Ainsi, la pauvreté monétaire au Mali affectait 44,9 % de la population en 2017. Aucun des huit objectifs du millénaire pour le développement n'a été atteint par le pays en 2015[14]. Son indice de développement humain durable[15] est de 0,427 en 2017, soit 182ème sur 189 pays classés[16].

---

[10] Document du CREDD 2019-2023, Ministère de l'Économie et des Finances, décembre 2018.

[11] Estimation à partir des résultats du recensement général de la population et de l'habitat effectué en avril 2009 qui avait dénombré 14 528 662 habitants et déterminé un taux de croissance de 3,6% par an.

[12] Selon la Banque mondiale, http://donnees.banquemondiale.org/pays/mali, page web consultée le 13 avril 2019.

[13] https://donnees.banquemondiale.org/region/pays-les-moins-avances-classement-de-lonu?view=chart, consulté le 30 août 2019.

[14] Document du PREM 2017-2021, résumé, page ix.

De nombreux défis restent encore à relever notamment en ce qui concerne la sécurité, l'accès équitable aux services sociaux de base, la réduction de la pauvreté et des inégalités, ainsi qu'une meilleure gouvernance des affaires publiques.

L'administration publique éprouve des difficultés à collecter toutes les recettes fiscales dues à l'État et aux collectivités territoriales. Le budget d'État[17] du Mali, pour l'exercice 2019, s'élève à 2 023,150 milliards de FCFA en termes de recettes budgétaires et 2 410,400 milliards de FCFA en termes de dépenses budgétaires soit un déficit budgétaire global 387,250 milliards de FCFA. Le taux de croissance du PIB attendu en 2019 reste robuste, soit 4,8 %, nonobstant un recul de 0,3 point de pourcentage par rapport à 2018.

Les dépenses publiques au Mali souffrent d'une très grande inefficacité. Selon une évaluation du Fonds Monétaire International[18], la chaîne de la dépense publique au Mali est réputée lente, complexe et très corrompue. L'évaluation met en évidence des délais excessifs de passation des marchés publics qui pèsent in fine sur leur bonne exécution.

Les reproches de mauvaise gestion, de fraude et de corruption sont également étayés par les autorités maliennes elles-mêmes. Ainsi, le rapport annuel 2017[19] du Vérificateur Général (publié en mars 2018) met en lumière

---

[15] Source PNUD http://hdr.undp.org/sites/default/files/HDR2016_FR_Overview_Web.pdf, consulté le 30 août 2019.

[16] Source le site du PNUD : http://report.hdr.undp.org/ consulté le 30 août 2018.

[17] Loi de Finances initiale 2019 adoptée par Assemblée Nationale.

[18] Rapport 2014 sur la chaîne des dépenses publiques au Mali, FMI.

[19] http://www.bvg-mali.org/files/RA/rapport_annuel_2017.pdf, consulté le 30 août 2019.

de multiples exemples d'utilisation inappropriée voire abusive des fonds publics.

Dans les différents rapports[20] du Vérificateur général, les principaux dysfonctionnements et irrégularités constatés sont dus au non-respect des dispositifs de contrôle interne, à la violation des dispositions des textes régissant les marchés publics, à l'absence de sincérité et de régularité dans l'exécution des dépenses publiques, au détournement de ressources publiques dans l'encaissement et le reversement des recettes fiscales, à la non-application des critères légaux dans les procédures de mise en réforme de matériels et équipements de l'État. Ont été aussi relevés des cas d'acquisitions fictives sur les deniers publics.

Face à ces nombreux défis, la réforme des finances publiques a été constante dans la gouvernance économique et financière du Mali depuis plus d'une décennie.

2. Le contexte spécifique de la réforme des finances publiques

Le cadre juridique, institutionnel et administratif du système de gestion des finances publiques du Mali est défini dans la Loi fondamentale. La Constitution du Mali du 25 février 1992 confie : (i) au Gouvernement la responsabilité de la gestion des finances publiques, (ii) à l'Assemblée nationale la responsabilité du vote de la Loi de Finances (LF) et de contrôle externe de son exécution (a posteriori) et (iii) à la Section des comptes (SC) de la Cour suprême (CS) l'assistance des organes exécutif et législatif dans le contrôle de l'exécution des Lois de Finances.

Le Mali est devenu en mars 2003 le 7ème pays à atteindre le point d'achèvement dans le cadre de l'Initiative renforcée

[20] http://www.bvg-mali.org/, consulté le 30 août 2019.

en faveur des pays pauvres très endettés (PPTE)[21]. Dans ce cadre, des diagnostics ont été conduits sur : (i) l'évaluation de la gestion des finances publiques et des pratiques comptables du secteur privé au Mali, dénommée *Country Financial AccountabilityAssessment (CFAA)* ; et, (ii) le système de passation des marchés au Mali, le *Country ProcurementAccountabilityReview (CPAR).*

Ces évaluations CFAA et CPAR s'inscrivent dans le cadre de l'amélioration de la gestion du cadre fiduciaire en vue de créer les conditions nécessaires à une utilisation plus efficace des ressources publiques, notamment celles allouées au financement de la stratégie de réduction de la pauvreté.

Elles ont révélé des faiblesses autour de six domaines :

- les fonctions de contrôle ;
- le système de passation des marchés publics ;
- le suivi des dépenses financées par les ressources extérieures ;
- la qualité de préparation et d'exécution du budget de l'État ;
- l'intégration / interconnexion de la chaîne des dépenses ;
- les administrations fiscales et douanières.

La faiblesse des fonctions de contrôle : Élément central du système de Gouvernance, le contrôle se caractérisait par la multiplicité des institutions (Vérificateur Général, Contrôle Général des Services Publics (CGSP), Inspection des Finances, Inspections techniques des autres Départements) dont les responsabilités et les périmètres n'étaient pas clarifiées.

[21] Cadre Stratégique de Lutte contre la Pauvreté, Document adopté par le Conseil des ministres le 29 mai 2002.

La création de la fonction de Vérificateur général en 2003, ne satisfaisait pas entièrement aux critères d'indépendance propre à une Institution Supérieure de Contrôle[22] (ISC).

Le CGSP étant un organe de contrôle placé sous l'autorité de l'exécutif, il ne saurait, du fait de ce rattachement, servir comme ISC alors qu'il représente le Mali auprès de l'INTOSAI.

L'Assemblée nationale « n'exerce en pratique aucun contrôle sur les Finances Publiques »[23].

Enfin, le Contrôle financier qui, pendant le processus d'exécution budgétaire, exerce un contrôle de la régularité des dépenses, fonctionnait avec des résultats mitigés.

La future Cour des comptes composée de magistrats indépendants de l'exécutif, issue de l'actuelle Section des comptes de la Cour suprême, devrait être l'Institution Supérieure de Contrôle répondant aux normes de l'INTOSAI. Sa création bute sur les obstacles de la révision de la Constitution.

Le Mali ne satisfaisait donc pas le critère d'évaluation de l'efficacité des systèmes de contrôle interne[24].

La faiblesse du système de passation des marchés : Le système des marchés publics a fait l'objet de critiques de fond dans l'audit des Programmes d'Appui Budgétaires de la Commission européenne (CE)[25] et dans le CPAR[26].

---

[22] Elle n'était pas totalement indépendante de l'exécutif puisque le Vérificateur Général est nommé par le Président de la République qui peut demander à la Justice sa révocation.

[23] Document du PAGAM/GFP I 2006-2009, Ministère de l'Economie et des Finances, mars 2005, page 7.

[24] Document du PAGAM/GFP I 2006-2009, Ministère de l'Economie et des Finances, mars 2005, page 7.

[25] Ibidem.

[26] Ibidem.

Ces critiques portaient sur le cadre légal et institutionnel, les capacités des structures, les procédures et la transparence du système.

Le cadre légal et réglementaire ne reprenait pas les initiatives régionales d'harmonisation de l'UEMOA. Il était caractérisé par l'omniprésence de la direction générale des marchés publics (DGMP), ce qui réduisait la responsabilisation des autorités contractantes.

La DGMP était débordée par le volume de travail (en 2002 elle a traité 564 marchés, dont 85 % d'un montant < 100 MF)[27]. La planification des marchés n'était pas intégrée dans la chaîne de la dépense publique. La complexité des procédures d'approbation entraînait des délais incompatibles avec une gestion efficace (de 140 à 150 jours entre la production des dossiers d'appel d'offres (DAO) et l'enregistrement du marché)[28].

Il n'existait aucun système de contrôle indépendant au niveau national et la DGMP n'avait pas les compétences techniques pour effectuer le contrôle qualité.

Face aux difficultés de faire aboutir un dossier en justice, les soumissionnaires ou titulaires d'un marché se résignaient souvent à ne pas utiliser les recours nécessaires.

La faiblesse dans le suivi des dépenses financées par l'extérieur : Les financements extérieurs des investissements publics n'étaient pas intégrés de façon exhaustive dans les procédures budgétaires. De ce fait le Mali ne satisfaisait pas un des indicateurs de capacité du système de gestion budgétaire retenu par le FMI[29].

---

[27] Ibidem.

[28] Ibidem.

[29] Document du PAGAM/GFP I 2006-2009, Ministère de l'Economie et des Finances, mars 2005, page 9.

Les problèmes se situaient davantage au niveau de l'exécution budgétaire qu'au niveau de la préparation du budget pour laquelle l'information sur les financements extérieurs était considérée comme satisfaisante par le FMI. Cependant, « L'absence d'informations fiables sur le règlement de ces dépenses était une des principales faiblesses dans la gestion de la dépense au Mali »

L'absence d'une base d'information exhaustive sur les accords et les conventions, la multiplicité des interlocuteurs des bailleurs de fonds et la diversité de leurs procédures rendaient difficile le suivi de l'aide à l'intérieur du dispositif administratif national.

La faible qualité de la préparation et de l'exécution du Budget : A l'initiative de l'Assemblée nationale (AN), le Mali s'est lancé en 1994 dans un processus de budgétisation axée sur les résultats. Il est devenu en 1998 le premier pays francophone à introduire l'approche programme dans la budgétisation.

Des cadres macroéconomiques et budgétaires pluriannuels et annuels ont été élaborés dès 1996. En 1998, le budget-programme (BP) était élaboré en deux tomes (l'un pour les prévisions de l'année n+1 et l'autre pour les réalisations de l'exercice antérieur) et annexé à la loi de finances.

Cette initiative de budget-programme s'était combinée avec d'autres initiatives de gestion axée sur les résultats (GAR) comme :

- les revues des dépenses publiques ;
- l'approche sectorielle dans des secteurs considérés comme prioritaires (Éducation, Santé) ;
- le cadre stratégique de lutte contre la pauvreté (CSLP) à partir de 2002 ;
- les cadres de dépenses à moyen terme (CDMT).

Toutefois, l'exercice de BP souffrait de plusieurs insuffisances importantes.

Au niveau du périmètre et de la réalité des programmes, les lacunes suivantes ont été constatées :

- incohérence entre les documents de stratégies, le CDMT et le BP ;
- erreurs d'imputation au niveau des unités fonctionnelles ;
- manque de vision stratégique d'ensemble unifiée ;
- nombre très élevé et mauvais rattachement des programmes ;
- déséquilibre dans la répartition des crédits entre programmes.

Au niveau de la performance, les insuffisances suivantes ont été identifiées :

- un nombre élevé des résultats attendus, des indicateurs et des activités pertinentes ;
- une absence d'indicateurs d'effets contrairement aux documents cadres de stratégie ;
- l'absence de valeurs de référence et de valeurs cibles pour les indicateurs de mesure des résultats.

Au niveau de la gouvernance, les insuffisances suivantes ont été constatées :

- l'absence de nomination formelle des responsables de programme ;
- l'absence de lien entre le suivi de l'exécution du budget et celui de l'exécution des activités des programmes ;
- l'absence de cohérence entre le dispositif de suivi des CDMT et des plans opérationnels.

Malgré ces insuffisances de l'approche budget-programmes, l'évaluation CFAA soulignait les progrès accomplis par le Mali et considérerait que « le système de gestion des finances publiques était assez cohérent avec une procédure budgétaire relativement robuste fonctionnant dans un cadre organisationnel clair »[30].

Les retards anciennement constatés sur le vote des Lois de règlement étaient en passe d'être comblés. Cependant, le FMI considérait que le critère de ponctualité de l'information financière n'était pas rempli. A la date de l'évaluation, le projet de Loi de règlement de 2002 n'avait pas encore été transmis à l'Assemblée nationale.

La gestion comptable de la dépense comportait encore des faiblesses suffisamment importantes pour « porter atteinte à l'intégrité du compte de gestion de l'État »[31]et le critère correspondant à l'évaluation de l'Initiative PPTE n'était pas satisfait[32].

La faible intégration / interconnexion de la chaîne des dépenses : La non connexion du système informatique entre les ordonnateurs, le Contrôle financier et les agents comptables nécessitait des transmissions physiques de documents entre les directions administratives et financières (DAF) et le MEF et des ressaisies d'informations à toutes les étapes de la chaîne.

L'état d'exécution budgétaire émis par la DNCF n'était pas toujours disponible en temps opportun.

La faible capacité des Administrations fiscales et douanières *:* Le CFAA a constaté que la direction générale des impôts (DGI) était confrontée à un problème d'optimisation de ses recouvrements à cause des déclarations erronées et le potentiel fiscal non exploité était évalué à 60 milliards FCFA, principalement en secteur rural.

---

[30] Document du PAGAM/GFP I 2006-2009, Ministère de l'Économie et des Finances, mars 2005, page 10.
[31]Ibidem.
[32]Ibidem.

La direction des Domaines de l'État n'avait pas d'informations sur son potentiel fiscal du fait de l'absence de Cadastre.

Au regard de ces insuffisances, le Mali a engagé une réforme de son système de GFP et a consenti des efforts de maîtrise des comptes publics. Un programme de réforme de la GFP a ainsi débuté en 2006 avec le lancement du premier Plan d'Action Gouvernemental relatif à l'Amélioration et à la Modernisation de la GFP au Mali (PAGAM/GFP I) basé sur l'approche de la gestion axée sur les résultats.

L'évaluation du PAGAM/GFP I réalisée en septembre 2009 a démontré une opérationnalisation de l'ordre de plus de 60 % de l'ensemble des activités prévues et une mise en œuvre globalement satisfaisante. Les évaluations (PEFA)[33] de 2007 et de 2010 ont confirmé des résultats significatifs.

Adopté en juillet 2010, le PAGAM/GFP II avait pour objectif général de permettre la mobilisation et l'allocation efficientes des ressources publiques en vue de réaliser les objectifs de croissance et de réduction de la pauvreté.

Il s'est achevé théoriquement fin décembre 2015 et son action s'est poursuivie avec le Cadre Stratégique de Croissance et de Réduction de la Pauvreté (CSCRP II) couvrant la période 2012-2017 et le Programme de Développement Institutionnel (PDI), dont il constitue le « volet finances publiques ».

Fort des leçons tirées de l'évaluation du PAGAM/GFPII et de l'exercice PEFA 2016 le Gouvernement du Mali a adopté le 21 septembre 2016 le Plan de Réforme de la Gestion des

---

[33] Le PEFA, traduit en français comme « Public Expenditure and Financial Accountability » est un ensemble d'outils de contrôle et d'évaluation internationaux des finances publiques utilisés par les institutions financières internationales et les États.

Finances Publiques du Mali (PREM) sur la période 2017-2021.

L'objectif ultime du PREM est d'optimiser l'espace budgétaire afin d'exécuter, de manière transparente et efficace, les dépenses publiques en visant l'atteinte des objectifs de croissance et de développement durable.

Paragraphe 2 : Un nouveau cadre juridique au niveau communautaire aux enjeux ambitieux

La réforme est passée par la rénovation du cadre juridique au niveau communautaire (A) avec des enjeux ambitieux (B).

A. Un cadre juridique renouvelé

1. Le cadre harmonisé des finances publiques

Les systèmes financiers publics des États de l'UEMOA subissent plusieurs influences : d'une part, ils sont soumis aux cultures de leurs pays respectifs et à la pratique qui s'est développée en marge des textes[34] et d'autre part, à celle des bailleurs de fonds, des groupes sous-régionaux[35] et de la culture occidentale. En 1997, les Directives n°05/97 et n°06/97 CM/UEMOA du 16 décembre 1997 relatives respectivement à la loi de finances et au règlement général sur la comptabilité publique s'inscrivaient dans cette optique. Dès le préambule, l'accent est mis sur « la nécessité d'instaurer dans l'Union des règles permettant une gestion

---

[34] Bouvier (Michel) (dir.), *la gestion de la dépense publique dans les pays de l'Afrique francophone subsaharienne*, Paris, Ministère des affaires étrangères, 2004, page 45.

[35] Ibidem.

transparente et rigoureuse des finances publiques, en vue de conforter la stabilité de la monnaie commune ...»[36].

Entre 1997 et 1998, cinq Directives[37] ont été adoptées. Ces Directives ont été amendées en 1999 et une sixième Directive[38] a été adoptée en 2000.

Après une mission d'évaluation conduite en 2004 et sur recommandation du Comité de suivi de ces Directives, le Conseil des ministres (CM)de l'UEMOA a adopté en mars et juin 2009[39] les six nouvelles[40]Directives rénovant le cadre harmonisé des finances publiques au sein de l'Union.

Par l'adoption de celles-ci, l'UEMOA a escompté une reconstruction des systèmes financiers des États à partir de 2017.

Pour ce faire, des échéances intermédiaires ont été fixées, à savoir :

---

36 Voir les paragraphes 3 et 4 du préambule des Directives n°05/97 et n°06/97 CM/UEMOA du 16 décembre 1997 relative respectivement à la loi de finances et au règlement général sur la comptabilité publique.

[37] (i) Directive n° 05/97/CM/UEMOA du 16 décembre 1997 relative aux lois de finances au sein de l'UEMOA ; (ii) Directive n° 06/97/CM/UEMOA du 16 décembre 1997 portant règlement général sur la comptabilité publique au sein de l'UEMOA; (iii) Directive n° 04/98/CM/UEMOA du 22 décembre 1998 portant nomenclature budgétaire de l'État au sein de l'UEMOA; (iv) Directive n° 05/98/CM/UEMOA du 22 décembre 1998 portant plan comptable de l'État au sein de l'UEMOA ; (v) Directive n° 06/98/CM/UEMOA du 22 décembre 1998 portant tableau des opérations financières de l'État au sein de l'UEMOA.

[38] Directive n°02/2000/CM/UEMOA du 20 juin 2000 portant Code de Transparence dans la Gestion des Finances Publiques au sein de l'UEMOA.

[39] Le processus de la réécriture démarré en février 2008 a été marqué par: (i) deux missions circulaires dans les États membres; (ii) quatre réunions du Comité technique ad' hoc; (iii) quatre réunions du Comité de Suivi sur les avant projets des Directives. Les acteurs impliqués dans le processus de de la réécriture: (i) la Commission et la Cour des Comptes de l'UEMOA; (ii) les experts des États; (iii) les PTF (FMI, AFRITAC de l'Ouest, la BM, la BAD et l'ACBF); (iv) et des consultants régionaux et internationaux.

[40] (i) Directive °01/2009/CM/UEMOA portant code de transparence des finances publiques ; (ii) Directive n°06/2009/CM/UEMOA relative aux lois de finances ; (iii) Directive n°07/2009/CM/UEMOA portant règlement général de la comptabilité publique ; (iv) Directive n°08/2009/CM/UEMOA portant nomenclature budgétaire de l'État ; (v) Directive n°09/2009/CM/UEMOA portant plan comptable de l'État ; (vi) Directive n°10/2009/CM/UEMOA portant tableau des opérations financières de l'État.

- 1er janvier 2012 : transposition de la Directive dans les législations nationales, élaboration du document de programmation budgétaire et économique pluriannuelle[41], application des nouvelles règles en matière de gestion et de mouvements de crédits; exercice des nouvelles compétences du ministre des finances, transmission trimestrielle des données d'exécution au Parlement.
- 1er janvier 2017 : déconcentration de l'ordonnancement[42], élaboration des programmes et des dotations, désignation des responsables de programme, définition des objectifs et des indicateurs, élaboration des rapports annuels de performance, la mise en place des plafonds d'emplois, du document de programmation pluriannuelle des dépenses[43], l'élaboration, des tableaux matriciels présentés en annexe du projet de loi de finances et intégration de la comptabilité en droits constatés.
- 1er janvier 2019 : application intégrale des règles et procédures découlant du principe de la constatation des droits et obligations régissant la comptabilité générale[44].

2. Les Directives complémentaires

Ce cadre juridique est complété par les Directives n°01/2011/CM/UEMOA portant régime financier des

[41] Article 53 de la Directive n°06/2009/CM/UEMOA relative aux lois de finances.
[42] Déconcentration progressive possible du 1er janvier 2012 au 1er janvier 2017.
[43] Article 53 de la Directive n°06/2009/CM/UEMOA relative aux lois de finances.
[44] Articles 70, puis 76 à 80 de la Directive n°07/2009/CM/UEMOA portant règlement général de la comptabilité publique.

collectivités territoriales et n°03/2012/CM/UEMOA portant comptabilité des matières.

B. Des enjeux ambitieux

Ce virage opéré en 2009 à travers la réécriture des Directives, participait de cette vision d'une gestion transparente, efficiente et efficace des Finances publiques[45]. A propos de ce changement, le Professeur Nicaise Médé faisait observer que : « le cadre harmonisé des Finances publiques dans les États de l'UEMOA marque le passage d'une régulation par le droit à une régulation par les résultats».

Il s'agit de passer d'une logique de gestion budgétaire basée sur les moyens à une logique de gestion axée sur les résultats, avec comme enjeux :

- un budget plus lisible présenté par politiques publiques ;
- un budget plus transparent et plus complet ;
- le visage des comptes de l'État : le compte général de l'État ;
- des documents budgétaires enrichis pour éclairer le Parlement ;
- un budget éclairé par la performance.

1. Un budget plus lisible présenté par politiques publiques

Dans le cadre de la nouvelle Directive relative aux lois de finances, les crédits sont décomposés en programmes à l'intérieur des ministères et des institutions. A ces programmes sont associés des objectifs précis et des

---

[45]Médé (Nicaise*)*, *« Réflexion sur le cadre harmonise des finances publiques dans l'espace UEMOA »*, accessible sur Internet à travers l'URL http://afrilex.u-bordeaux4.fr/reflexion-sur-le-cadre-harmonise.html, page 5.

résultats attendus. Le Parlement et le citoyen sont ainsi en mesure d'apprécier la totalité des moyens déployés pour mettre en œuvre chaque politique publique de l'État.

2. Un budget plus transparent et plus complet

Pour donner aux parlementaires les moyens de connaître en toute transparence la composition de la dépense publique, la nouvelle Directive relative aux lois de finances met en place une présentation et une analyse des dépenses plus complètes[46]. Les administrations expliquent désormais dans leur projet annuel de performances (PAP) l'utilisation des crédits et des personnels mis à leur disposition et la réalité de l'exécution dans leur rapport annuel de performances (RAP) en fin d'exercice.

3. Un nouveau visage des comptes de l'État : le compte général de l'État

Les nouvelles Directives introduisent une réforme majeure des comptes, à travers un plan comptable de l'État qui s'inspire du Système Comptable Ouest Africain (SYSCOA) et des autres normes comptables internationales. La référence[47] au SYSCOA permet un rapprochement entre les règles comptables applicables aux secteurs public et privé.

4. Des documents budgétaires enrichis pour éclairer le Parlement

Les nouvelles Directives introduisent la production de nouveaux documents budgétaires pour plus d'éclairage des parlementaires. Il s'agit de :

[46] Avec la nouvelle Directive, la notion de « services votés» (dépenses reconduites quasi automatiquement d'une année sur l'autre) est abolie.
[47] Article 68 de la Directive n°07/2009/CM/UEMOA portant règlement général de la comptabilité publique.

- Document de programmation budgétaire et économique pluriannuelle (DPBEP) ;
- Documents de programmation pluriannuelle des dépenses (DPPD) ;
- Projets annuels de performance (PAP) ;
- Rapports annuels de performance (RAP).

5. Un budget éclairé par la performance

L'un des enjeux majeurs de la réforme de la gestion publique est de faire passer l'État d'une culture de moyens à une culture de résultats, afin que chaque franc CFA dépensé soit plus utile et plus efficace. La performance, c'est-à-dire la capacité à atteindre des résultats attendus, est ainsi au cœur du nouveau cadre budgétaire.

Pour la réalisation de ces ambitions, plusieurs changements ont été annoncés à travers l'introduction de plusieurs innovations dans les différentes phases budgétaires.

Section 2 : Les changements annoncés

Comme en France, plusieurs innovations à caractère budgétaire (paragraphe 1) et en matière comptable et de contrôle (paragraphe 2) ont été apportées conformément aux ambitions affichées.

Paragraphe 1 : Les innovations à caractère budgétaire

Ainsi, avec la réforme, le cycle de préparation et d'adoption du budget a subi de profondes transformations (A) avec des procédures budgétaires innovantes (B).

A. Un cycle de préparation et d'adoption du budget transformé

1. La reconnaissance officielle du principe de la sincérité

La sincérité budgétaire, que l'on doit distinguer de la sincérité comptable dont s'assure l'agent comptable, n'est pas un thème neuf de la gestion publique. La Cour des comptes française a d'ailleurs beaucoup œuvré pour le renforcement de ce principe. Comme le rappelle Georges de Reilhan, « Le principe de sincérité[48] du budget de l'État est devenu depuis 1993, aux côtés des principes d'unité et d'universalité, un des principaux motifs soulevé par les députés et les sénateurs dans la rédaction de leurs saisines tendant à demander au Conseil constitutionnel de déclarer non conforme à la Constitution telle ou telle loi de finances.»[49].

Le législateur de l'UEMOA a également accordé une grande importance au principe de sincérité en prévoyant la certification des comptes de l'État par la juridiction des comptes.

Le Code de transparence, dans son 4ème volet, précise que « les budgets annuels sont réalistes et sincères dans leur prévision ». De même, l'article 30 de la Directive relative aux lois de finances énonce que les prévisions de ressources et

---

[48] Le principe est apparu dans les années 1990 dans la jurisprudence du Conseil constitutionnel (décision n°94-351 DC, 29 décembre 1994, loi de finances pour 1995) avant d'être consacrée par la loi organique relative aux lois de finances (art.32 LOLF) puis d'être constitutionnalisée, sous son aspect comptable certes par la loi constitutionnelle du 23 juillet 2008 (art 47-2 Co).

[49] deReilhan (Georges), *« le principe de sincérité budgétaire : l'effectivité des saisines du Conseil constitutionnel à l'épreuve des rapports de la Cour des comptes sur l'exécution des lois de finances.»* RFFP, n°78, juin 2002, pp.187-206.

de charges de l'État doivent être sincères[50]. Et enfin, l'article 72 de cette même Directive renforce ce principe en disposant aussi que la comptabilité générale de l'État doit être sincère et refléter une image fidèle de la situation financière de l'État.

2. Le passage de la logique de moyens à la logique de résultats

La véritable innovation, comme en France, consiste en l'introduction de la notion de performance dans le budget avec des objectifs à atteindre. La finalité est double : permettre une meilleure prise de décision budgétaire et améliorer la gestion des crédits. Ainsi, ce sont les projets annuels de performance (PAP) et les rapports annuels de performance (RAP) qui développent entre autres ces données sur la performance.

Ces documents sont construits autour d'objectifs et d'indicateurs avec des valeurs cibles. Il s'agit entre autres de :

- objectifs et indicateurs d'efficacité socio-économique[51] ;
- objectifs et indicateurs de qualité de service[52] ;
- objectifs et indicateurs d'efficience de la gestion[53].

---

[50] Ces prévisions doivent être effectuées avec réalisme et prudence, compte tenu des informations disponibles au moment où le projet de loi de finances est établi.

[51] Il s'agit par exemple de la modification de la réalité économique, sociale, environnementale, culturelle ou sanitaire dans laquelle il vit.

[52] Il s'agit par exemple de la qualité du service rendu à l'usager de l'administration.

[53] Il s'agit par exemple des gains de productivité, maîtrise des frais de justice, nombre d'affaires jugées par magistrat… gains de productivité, maîtrise des frais de justice, nombre d'affaires jugées par magistrat.

3. L'introduction de la pluri annualité budgétaire

A l'image de la France, l'introduction de la pluri-annualité est une innovation importante qui permet au budget d'être plus en phase avec les stratégies nationales de développement. La programmation budgétaire doit désormais anticiper sur les exercices ultérieurs au moyen du document de programmation pluriannuelle des dépenses (DPPD) et du document de programmation budgétaire et économique pluriannuelles (DPBEP).

4. L'introduction des notions de programme et de dotation

Contrairement au législateur français, le législateur communautaire n'a pas retenu la notion de mission[54]. Le budget n'est plus présenté par nature de dépenses (fonctionnement, intervention, investissement, etc.) mais par programme donc par politiques publiques. Ainsi, le programme devient l'unité de l'autorisation parlementaire.

Un programme[55] regroupe les crédits destinés à mettre en œuvre une action ou un ensemble cohérent d'actions représentatif d'une politique publique clairement définie dans une perspective de moyen terme. Ainsi, les crédits budgétaires[56] non répartis en programmes sont répartis en dotations. Chaque dotation regroupe un ensemble de crédits globalisés destinés à couvrir des dépenses spécifiques auxquelles ne peuvent être directement associés

---

[54] La mission regroupe un ensemble de programmes concourant à une même politique publique. Elle peut être ministérielle ou interministérielle.

[55] Article 12 de la Directive n°06/2009/CM/UEMOA relative aux lois de finances.

[56] Article 14 de la Directive n°06/2009/CM/UEMOA relative aux lois de finances.

des objectifs de politiques publiques ou des critères de performance.

Ainsi, font l'objet de dotations : (i) les crédits destinés aux pouvoirs publics ; (ii) les crédits globaux pour dépenses accidentelles et imprévisibles ; (iii) les crédits destinés à couvrir les défauts de remboursement ou appels en garantie intervenus sur les comptes d'avances, de prêts, d'aval et de garanties ; (iv) et les charges financières de la dette de l'État.

5. La mise en place de nouvelles catégories de crédits budgétaires

A l'image de la France, l'ancienne distinction entre les trois catégories juridiques de crédits, « évaluatifs, provisionnels ou limitatifs », est simplifiée[57].

Les crédits budgétaires[58] sont constitués :

- de crédits de paiement (CP), pour les dépenses de personnel, les acquisitions de biens et services et les dépenses de transfert ;
- d'autorisations d'engagement (AE)[59] et de crédits de paiement, pour les dépenses d'investissement et les contrats de partenariats publics-privés.

Toutes les autorisations d'engagement et tous les crédits de paiement, ainsi que les plafonds d'autorisation d'emplois rémunérés par l'État, sont limitatifs à l'exception des crédits relatifs aux charges financières de l'État qui sont évaluatifs[60].

---

[57]Catteau (Damien), *Finances Publiques. Droit budgétaire et Comptabilité Publique 2018-2019*, Paris, hachette Supérieur, 5ème édition, 2019, pages 44-46.

[58] Article 17 de la Directive n°06/2009/CM/UEMOA relative aux lois de finances.

[59] L'ancienne Directive n°05/97/CM/UEMOA relative aux lois de finances stipulait en son article 10 « Les crédits sont évaluatifs ou limitatifs. Ces deux catégories de crédits doivent faire l'objet de chapitres distincts. Un même chapitre peut être doté à la fois de **crédits d'autorisation de programme et de crédits de paiement**. »

[60] Article 20 de la Directive n°06/2009/CM/UEMOA relative aux lois de finances.

6. L'émergence d'un nouvel acteur : le responsable de programme

Le responsable de programme[61] est le maillon central de central de la nouvelle gestion publique. Placé sous l'autorité l'autorité du ministre, le responsable de programme participe à l'élaboration des objectifs stratégiques du programme dont il a la charge et il est le garant de sa mise mise en œuvre opérationnelle.

Sur la base des contributions des autres acteurs concernés, le responsable de programme prépare le budget du programme, arrête les objectifs et cibles de performance sur lesquels il s'engage, organise l'emboîtement des cadres nationaux et locaux de pilotage de la performance, procède à la répartition des crédits, oriente les choix d'activités et les choix budgétaires afin d'atteindre les résultats visés, et enfin contrôle les résultats des services chargés de la mise en œuvre du programme.

La Directive relative aux lois de finances précise les conditions de nomination des responsables de programme ainsi que celles dans lesquelles les compétences d'ordonnateur leur sont déléguées.

Sans préjudice de leurs missions de contrôle et de vérification de la régularité des opérations financières, les corps et institutions de contrôle, ainsi que la Cour des comptes, contrôlent les résultats des programmes et en évaluent l'efficacité, l'économie et l'efficience.

7. L'accroissement du rôle du Parlement

Comme en France, le législateur communautaire a procédé à plusieurs aménagements afin d'améliorer

---

[61] Articles 13, 15, 67 et 70 de la Directive n°06/2009/CM/UEMOA relative aux lois de finances.

l'information des parlementaires et de les associer plus étroitement à la formulation de la loi de finances. Elle instaure, en amont du dépôt du projet de loi de finances de l'année n+1 au Parlement, un débat d'orientation budgétaire[62] au cours duquel le DPBEP[63], qui peut être accompagné des projets de DPPD[64], est présenté aux parlementaires.

Dans le cadre de l'examen du projet de loi de finances, au regard de la suppression de la notion de « services votés », les parlementaires peuvent exercer leurs compétences de contrôle sur l'ensemble des crédits de paiement (CP) et des autorisations d'engagement (AE).

8. La suppression des titres au niveau des recettes et des dépenses, parfois redondants avec les intitulés des articles

En France, afin de préciser l'utilisation des crédits, la LOLF a conservé une présentation en fonction de leur nature distinguant 7 titres répartis en 18 catégories.

---

[62] Le DOB permet de donner au Parlement, à la Société civile, aux citoyens, les grandes priorités du Gouvernement sur les 3 années à venir, et recueillir éventuellement des suggestions de leur part. Il peut être un moment important du contrôle politique du Parlement sur la loi de finances, dans la mesure où il intervient avant le dépôt du projet de loi de finances initiale et peut donc influer sur les choix du Gouvernement.
Il donne également au Parlement l'occasion de s'exprimer sur les choix du Gouvernement, de faire valoir son point de vue sur les orientations qui lui seront proposées dans le projet de loi de finances de l'année.

[63] Le DPBEP, à partir d'hypothèses économiques précises et justifiées, évalue le niveau global des recettes et dépenses de l'Etat ainsi que la dette, les ressources et les charges du secteur public. Il fixe les objectifs d'équilibre budgétaire et financier à moyen terme en application des dispositions du Pacte de convergence, de stabilité, de croissance et de solidarité.

[64] Les documents de programmation pluriannuelle des dépenses (DPPD) prévoient l'évolution des crédits et des résultats attendus sur chaque programme en fonction des objectifs poursuivis.

Au niveau de l'UEMOA, dans l'ancienne Directive[65] portant nomenclature budgétaire de l'État, toutes les recettes étaient présentées dans un seul titre qui était le titre 0 et les dépenses présentées dans 7 titres. Ainsi, la nouvelle Directive[66] a innové en supprimant les titres car leurs intitulés ont été jugés souvent redondants[67] avec ceux des articles.

9. L'affirmation de la classification fonctionnelle

L'ancienne Directive[68] portant nomenclature budgétaire de l'État avait prévu la classification fonctionnelle dans son annexe, dont l'application n'était pas obligatoire.

Cette classification fonctionnelle, qui s'appuie sur le manuel de statistiques de finances publiques de 1986, était basée sur quatorze (14) fonctions données dans le tableau B de l'annexe de ladite Directive.

La nouvelle Directive[69] s'aligne sur les pratiques internationales, en intégrant la classification fonctionnelle et, le cas échéant, toute classification additionnelle qui pourrait s'avérer nécessaire. Ainsi, les dix grandes fonctions de la nouvelle Directive sont extraites du manuel de statistiques de finances publiques de 2001 du FMI.

---

[65] Directive n°04/98/CM/UEMOA du 22 décembre 1998 portant nomenclature budgétaire de l'Etat.

[66] Directive[66] n°08/2009/CM/UEMOA du 26 juin 2009 portant nomenclature budgétaire de l'Etat.

[67] À titre d'exemples : le titre 2 et l'article 61 sont tous intitulés « dépenses de personnel ».

[68] Directive n°04/98/CM/UEMOA du 22 décembre 1998 nomenclature budgétaire de l'Etat.

[69] Directive[69] n°08/2009/CM/UEMOA du 26 juin 2009 portant nomenclature budgétaire de l'Etat.

10. L'introduction de la classification par programme

L'introduction de la classification programmatique sert à la formulation des politiques publiques, la responsabilisation sur les résultats et le suivi de la performance[70].

Cette classification programmatique comprend en général plusieurs niveaux, notamment : (i) le programme; (ii) éventuellement, le sous-programme (dit « action » dans le budget français) ; et (iii) l'activité. Ainsi, les programmes sont décomposés sur le plan opérationnel en activités ou projets, ces activités correspondant à des groupes de prestations ou de produits bien déterminés[71] contribuant à des finalités de politiques publiques.

Par conséquent, les classifications fonctionnelle et par programme constituent des innovations qui permettent de déterminer les objectifs du budget de l'État et de quantifier les actions prévues et exécutées dans le cadre des politiques publiques.

11. Le retrait des emprunts à moyen et long termes, les remboursements des prêts et avances ainsi que les produits de la cession des actifs des recettes budgétaires et leur classement en ressources de trésorerie

Comme en France, le législateur communautaire procède à la distinction entre d'une part "recettes et dépenses budgétaires" et d'autre part "ressources et charges de trésorerie", ces dernières n'étant pas prises en compte dans le solde budgétaire.

---

[70]https://blog-pfm.imf.org/files/la-classification-budg%C3%A9taire-des-d%C3%A9penses-et-la-nouvelle-gouvernance-financi%C3%A8re-1.pdf, consulté le 31 août 2019.

[71] Ibidem.

Les "opérations de trésorerie" concernent la couverture des besoins de financement de l'État[72]. Seules les charges budgétaires résultant de ces opérations, par exemple les intérêts des emprunts, sont comptabilisées en opérations budgétaires.

Cette distinction découle directement de la nécessité d'inscrire au budget des opérations considérées comme permanentes ou, du moins, récurrentes[73] et de les séparer des opérations ponctuelles[74]. Également, elle assure la transparence dans la gestion des finances publiques et incite au respect de la discipline budgétaire car le classement des opérations comme recettes budgétaires dissimulait l'ampleur du déficit budgétaire.

La nouvelle Directive[75] portant nomenclature budgétaire de l'État a supprimé du tableau des recettes budgétaires : les produits des emprunts à moyen et long termes, le remboursement des prêts et avances et les produits provenant de la cession des actifs. Ces opérations sont classées en opération de trésorerie.

12. L'affirmation du Pacte de de convergence, de stabilité, de croissance et de solidarité

La Conférence des Chefs d'État et de Gouvernement, tenue à Lomé le 8 décembre 1999 a adopté par un Acte additionnel le Pacte de convergence, de stabilité, de croissance et de solidarité entre les États membres de l'UEMOA.

---

[72] À titre d'exemple, on peut citer : les produits de cession d'actifs, les produits et remboursements des emprunts, les opérations de dépôt et de retraits sur les comptes des correspondants, les remboursements ou délivrance de prêts et avances.

[73] Le service de la dette par exemple.

[74] Comme le recours à l'emprunt.

[75] Directive[75] n°08/2009/CM/UEMOA du 26 juin 2009 portant nomenclature budgétaire de l'État.

Le Pacte est un engagement pris par les États membres de l'UEMOA en vue de renforcer la convergence des économies des États membres, de conforter la stabilité macroéconomique, d'accélérer la croissance économique et d'approfondir la solidarité entre les États membres. Le Pacte est non seulement un code de discipline budgétaire pour l'ensemble des États membres, mais aussi un accord visant à accélérer le processus d'intégration économique.

Ainsi, l'équilibre budgétaire et financier[76] doit être conforme aux prescriptions du Pacte de convergence, de stabilité, de croissance et de solidarité.

B. Des procédures d'exécution budgétaire innovantes

1. La déconcentration du pouvoir d'ordonnateur principal

Dans beaucoup de pays de l'UEMOA, les ministères sectoriels intervenaient très peu dans les phases décisives de l'exécution de leur propre budget (ils initient le processus d'engagement et de liquidation de la dépense). Le ministère chargé des finances ainsi consacrait une part considérable de son énergie, de ses ressources humaines et de son temps à la gestion opérationnelle de milliers de dossiers de dépenses des ministères. Malgré les efforts fournis par le ministère chargé des finances, les critiques des ministères sectoriels étaient nombreuses à son égard.

Avec cette concentration, le ministère chargé des finances ne pouvait plus assumer correctement ses missions de: (i) conduite de la politique budgétaire et fiscale; et (ii)

[76] Défini à l'article 45 de la Directive n°06/2009/CM/UEMOA relative aux lois de finances par chaque loi de finances.

répartition des ressources en cohérence avec les priorités politiques. Or ces tâches deviennent de plus en plus importantes puisque le ministère chargé des finances doit désormais intégrer et gérer les notions de «soutenabilité budgétaire, de pluri annualité, etc., dans ses missions premières.

Comme en France, le législateur communautaire a opté pour une déconcentration du pouvoir d'ordonnateur principal. Le pouvoir d'engager financièrement l'État vis-à-vis d'un tiers doit être désormais transféré du ministre des finances vers les ministres sectoriels avec le pouvoir corrélatif d'ordonnancer la dépense qu'il aurait engagée.

Ainsi, les ministres[77] et présidents des institutions constitutionnelles sont ordonnateurs principaux des crédits, des programmes et des budgets annexes de leur ministère ou de leur institution. Par conséquent, il est ainsi mis fin au pouvoir d'ordonnateur principal unique du ministre chargé des finances sur l'intégralité des dépenses budgétaires. Celui-ci reste cependant responsable de la centralisation des opérations budgétaires des ordonnateurs, en vue de la reddition des comptes relatifs à l'exécution des lois de finances.

2. Le maintien du pouvoir de régulation budgétaire

Comme en France, le législateur communautaire a retenu que les compétences d'ordonnateur des Ministres sectoriels s'exercent avec deux limites :

- les crédits des ministères ouverts par la loi de finances sont susceptibles d'être soumis à une régulation budgétaire ;

[77] Article 68 de la Directive n°06/2009/CM/UEMOA relative aux lois de finances.

- les opérations de l'ordonnateur doivent être justifiées auprès du contrôleur financier.

Le Ministre des finances[78] demeure l'ordonnateur principal unique des recettes de l'État que celles-ci concernent le budget général[79], les budgets annexes[80] ou les comptes spéciaux du trésor[81].

Ainsi, il dispose d'un pouvoir de régulation budgétaire exclusif[82] qui lui permet :

- d'annuler un crédit devenu sans objet au cours de l'exercice ;
- d'annuler un crédit pour prévenir une détérioration des équilibres budgétaire et financier de la loi de finances.

3. L'émergence d'un nouvel acteur : le responsable de programme

Comme en France, la mise en œuvre des programmes repose sur une personne-clé : le responsable de programme.

Chaque responsable de programme dispose des compétences d'ordonnateur délégué pour l'exécution des crédits de son programme. Ces compétences lui sont conférées par un acte de l'ordonnateur principal dont il relève.

À ce niveau, le responsable de programme assure le pilotage du programme.

---

[78] Article 67 de la Directive n°06/2009/CM/UEMOA relative aux lois de finances.

[79] C'est l'exemple des impôts et taxes.

[80] C'est l'exemple des redevances.

[81] C'est l'exemple de l'affectation du produit de privatisations.

[82] L'ancienne Directive n°05/97/CM/UEMOA relative aux lois de finances stipulait en son article 14 « Tout crédit qui devient sans objet en cours d'année peut être annulé par arrêté du ministre chargé des finances, **après avis du ministre intéressé.** »

Il s'agit pour lui de :

- opérationnaliser les orientations, priorités et choix du ministre ou du président de l'institution ;
- mettre à la disposition des RBOP, les crédits et emplois du programme ;
- encadrer le processus d'élaboration des différents plans annuel et infra-annuel notamment le plan de travail annuel, le plan d'engagements et le plan de passation des marchés du programme et les approuver ;
- piloter l'exécution, le suivi-évaluation et le contrôle de gestion du programme ;
- assurer avec l'appui des services financiers l'engagement, la liquidation et l'ordonnancement des dépenses du programme ;
- approuver les propositions d'ajustement des crédits budgétaires en accord avec le ministre de tutelle ou le président de l'institution conformément à la réglementation en vigueur ;
- assurer le respect des dispositifs de contrôle interne et de contrôle de gestion ;
- suivre l'exécution du budget dans le système d'information ;
- assurer le dialogue stratégique et régulier avec le ministre de tutelle ou le président de l'institution.

4. L'introduction de la fongibilité asymétrique des crédits budgétaires

Comme en France, le législateur communautaire a institué le principe de la fongibilité asymétrique[83] des crédits

[83] Articles 12, 14 et 15 de la Directive n°06/2009/CM/UEMOA relative aux lois de finances.

budgétaires qui est la liberté offerte à chaque gestionnaire de modifier (par nature, par destination et/ou par déclinaison opérationnelle) la répartition de ses crédits (dans un cadre cependant prédéfini) afin de mettre en œuvre son programme de manière performante. Ainsi, à l'intérieur d'un même programme, les crédits sont redéployables sur arrêté de l'ordonnateur principal.

Cette liberté laissée à l'ordonnateur est limitée par les contraintes suivantes :

- les crédits de personnel peuvent abonder tous les autres crédits mais l'inverse n'est pas possible (fongibilité asymétrique) ;
- le montant autorisé des dépenses de personnel ne peut pas être augmenté et constitue le plafond de ces dépenses ;
- par ailleurs, les crédits d'investissement ne peuvent pas abonder les autres catégories de crédits et constituent le plancher de ces dépenses.

5. Un encadrement plus rigoureux des modifications de la répartition entre programmes

Sous l'ancienne Directive, les chapitres étaient des entités de gestion rigides, mais les réaffectations des crédits d'un chapitre à l'autre en cours d'exécution budgétaire étaient courantes. Une telle pratique, sur la seule autorisation du ministre chargé des finances, faisait l'objet de critiques régulières lors des différentes évaluations car dénaturant les autorisations budgétaires.

Comme en France, la nouvelle Directive procède d'une logique inverse : elle assouplit la liberté de gestion au sein des programmes avec la fongibilité asymétrique annoncée ci-dessus, mais introduit de nouvelles[84] procédures de modification des autorisations budgétaires en cours d'exercice.

Elle maintient ainsi, la pratique des virements et des transferts de crédits en cours d'exécution budgétaire en stipulant que « Des transferts[85] et des virements de crédits peuvent, en cours d'exercice, modifier la répartition des crédits budgétaires entre programmes. »

Ainsi, les transferts de crédits, qui sont des opérations modifiant la répartition des crédits budgétaires entre programmes de ministères distincts, sont autorisés par décret pris en Conseil des ministres sur rapport conjoint du ministre chargé des finances et des ministres concernés.

En revanche, pour les virements de crédits, qui sont des opérations qui modifient la répartition des crédits budgétaires entre programmes d'un même ministère, les Directives introduisent deux procédures :

- S'ils ne changent pas la nature de la dépense selon les catégories définies à l'alinéa 7[86] de l'article 12 de

---

[84] L'ancienne Directive n°05/97/CM/UEMOA relative aux lois de finances stipulait en son article 15 « Des transferts et des virements de crédits peuvent modifier la répartition des dotations entre les chapitres. Ils ne peuvent avoir pour effet de créer de nouveaux chapitres.
Les transferts modifient la détermination du service responsable de l'exécution de la dépense sans modifier la nature de cette dernière. Ils sont autorisés par arrêté du ministre chargé des finances.
Les virements conduisent à modifier la nature de la dépense prévue par la loi de finances. Ils peuvent être autorisés par décret pris sur le rapport du ministre chargé des finances, sous réserve d'intervenir à l'intérieur du même titre du budget d'un même ministère et d'être maintenus dans la limite du dixième de la dotation de chacun des chapitres intéressés. Toutefois, aucun virement de crédit ne pourra être opéré d'une dotation évaluative au profit d'une dotation limitative».
[85] Article 21 de la Directive n°06/2009/CM/UEMOA relative aux lois de finances.
[86] Alinéa 7 de l'article 12 de la Directive n°06/2009/CM/UEMOA relative aux lois de finances « Les crédits de chaque programme sont décomposés selon leur nature en crédits de : - personnel ; - biens et services ; - investissement ; - transferts. »

la Directive relative à la loi de finances, ils sont pris par arrêté interministériel du ministre intéressé et du ministre chargé des finances.

- Dans le cas contraire, ils sont autorisés par décret sur rapport conjoint du ministre chargé des finances et du ministre concerné.

Toutefois, la nouvelle Directive maintient le principe que le montant annuel cumulé des virements et transferts affectant un programme ne peut dépasser dix pour cent (10 %) des crédits votés de ce programme.

Également, elle précise qu'à l'exception des crédits globaux pour des dépenses accidentelles et imprévisibles, aucun transfert ni virement ne peut être opéré d'une dotation vers un programme.

6. Le réajustement des modifications réglementaires affectant le montant des autorisations parlementaires

Face à certaines situations spécifiques, comme en France, le législateur communautaire a maintenu le principe des modifications réglementaires affectant le montant de l'autorisation parlementaire en matière budgétaire tout en y apportant des aménagements.

La nouvelle Directive a retenu deux des trois principes énoncés dans l'ancienne Directive (le cas d'urgence[87] et celui de nécessité impérieuse d'intérêt national). En effet, le troisième principe relatif aux « dépenses accidentelles assimilées aux calamités ou à des dépenses urgentes ou imprévues » a été purement et simplement supprimé.

---

[87] Article 23 de la Directive n°06/2009/CM/UEMOA relative aux lois de finances.

Cependant, les règles d'information du Parlement n'ont pas évolué. Ainsi, dans ces deux circonstances, des crédits supplémentaires peuvent être ouverts par décret d'avances pris en Conseil des ministres. Le Parlement en est immédiatement informé et un projet de loi de finances portant ratification de ces crédits est déposé dès l'ouverture de la plus prochaine session du Parlement.

7. La mise en place de nouvelles règles pour les modifications réglementaires touchant la durée de validité des crédits : les reports de crédits

Comme en France, le législateur communautaire a maintenu le principe des reports de crédits tout en y apportant des aménagements[88].

Les innovations[89] à ce niveau concernent :

- la limitation des reports de crédits de paiements aux seuls crédits de paiement relatifs aux dépenses d'investissement disponibles sur un programme à la fin de l'année ;
- l'obligation d'un décret pris en Conseil des ministres pour le report des autorisations d'engagement disponibles sur un programme, au sens de l'article 18 de la Directive relative aux lois de finances ;

---

[88] Ancienne Directive n°05/97/CM/UEMOA relative aux lois de finances dans son article 18 stipulait « Sous réserve des dispositions concernant les autorisations de programme, les crédits ouverts au titre d'un budget ne créent aucun droit au titre du budget suivant.
Toutefois, les crédits de paiement disponibles sur opérations en capital peuvent être reportés par arrêté du ministre chargé des finances ouvrant une dotation de même montant en sus des dotations de l'année suivante. Peuvent également donner lieu à report par arrêté du ministre chargé des finances, les crédits disponibles figurant à des chapitres dont la liste est donnée par la loi de finances ».

[89]Articles 24, 37 de la de la Directive n°06/2009/CM/UEMOA relative aux lois de finances et article 3 de la Directive n°07/2009/CM/UEMOA portant règlement général de la comptabilité publique.

- la clôture des comptes de l'exercice précédent et la production d'un rapport du ministre chargé des finances comme préalables à tout report.

8. La redéfinition des caractéristiques de la période complémentaire

Autrefois, une « *période complémentaire* » de plusieurs semaines permettait de considérer des paiements ou des encaissements effectués au début de l'année N+1 comme des dépenses ou des recettes de l'exercice N.

Actuellement, la période couverte par la comptabilité budgétaire est la gestion couvrant l'année civile, sans période complémentaire. Une circulaire du ministre chargé des finances fixe les délais-limites pour l'arrêté des opérations d'engagement, de liquidation et d'ordonnancement au titre de l'exécution du budget d'une année donnée[90].

Ainsi, la période complémentaire[91] devient une période exclusivement comptable et d'une durée maximale d'un mois.

9. L'encadrement de la réquisition des comptables publics

Comme en France, le législateur communautaire a encadré les conditions d'exercice de la réquisition des comptables publics.

Les innovations[92] à ce niveau concernent :

---

[90] Article 74 de la Directive n°07/2009/CM/UEMOA portant règlement général de la comptabilité publique.

[91]Article 78 de la Directive n°07/2009/CM/UEMOA portant règlement général de la comptabilité publique.

[92]Articles 30 et 50 de la Directive n°07/2009/CM/UEMOA portant règlement général de la comptabilité publique.

- la saisine du ministre chargé des finances par l'ordonnateur pour l'avis consultatif ;
- la transmission par le comptable public d'une copie de la réquisition et d'une copie de la déclaration des rejets à la Cour des Comptes et au ministre chargé des finances et leur publication ;
- l'impossibilité pour le comptable public, sous réserve des dispositions particulières propres aux règlementations nationales, de déférer à la réquisition de l'ordonnateur dès lors que le refus de visa est motivé par : (i) l'indisponibilité de crédits ; (ii) l'absence de justification du service fait, sauf pour les avances et les subventions ; et (iii) le caractère non libératoire du règlement.

10. La réforme des procédures de passation de marchés et de délégation de service public

Dans le cadre de l'harmonisation des procédures de passation des marchés au sein de l'espace communautaire ouest africain, l'Union Économique et Monétaire Ouest Africaine (UEMOA) a élaboré deux Directives[93].

La Directive n°04 pose les véritables bases de la réglementation des marchés publics et délégation de service. La Directive n°05 quant à elle édicte le cadre institutionnel de la commande publique avec d'une part un organe administratif chargé du contrôle et de l'approbation des marchés publics et des DSP et d'autre part un organe indépendant chargé du règlement des litiges.

---

[93] (i) Directive n° 04/2005/CM/UEMOA du 09 décembre 2005 portant procédures de passation, d'exécution et de règlement des marchés publics et des délégations de service public ; (ii) et Directive N°05/2005/CM/UEMOA portant contrôle et régulation des marches publics et des délégations de service public dans l'union économique et monétaire ouest africaine.

11. L'accroissement du rôle du Parlement

Comme en France, le législateur communautaire a redéfini les missions des commissions des Finances, en les investissant de la charge de suivre et de contrôler l'exécution des lois de finances et de procéder à l'évaluation de toute question relative aux finances publiques.

Au stade de l'exécution, les principales innovations sont :

- la transmission[94] dès leur signature au Parlement et à la Cour des comptes des arrêtés et décrets relatifs aux mouvements de crédits prévus aux articles 21 à 25 de la Directive relative aux lois de finances et leur ratification dans la plus prochaine loi de finances relative à l'exercice concerné;
- l'obligation[95] pour le Gouvernement de déposer en cours d'exercice, un projet de loi de finances rectificative : (i) si les grandes lignes de l'équilibre budgétaire ou financier se trouvent bouleversées ; (ii) si les recettes constatées dépassent sensiblement les prévisions ; (iii) s'il y a intervention de mesures législatives ou règlementaires affectant de manière substantielle l'exécution du budget ;
- la transmission trimestrielle[96] au Parlement, à titre d'information, des rapports sur l'exécution du budget et de l'application du texte de la loi de finances ainsi que leur mise à la disposition du public

---

[94] Article 26 de la Directive n°06/2009/CM/UEMOA relative aux lois de finances.

[95] Article 48 de la Directive n°06/2009/CM/UEMOA relative aux lois de finances.

[96] Article 74 de la Directive n°06/2009/CM/UEMOA relative aux lois de finances.

- la possibilité pour le Parlement de demander à la Cour des comptes la réalisation de toutes enquêtes[97] nécessaires à son information.

Paragraphe 2 : Les innovations en matière comptable et de contrôle

Face aux enjeux, la comptabilité de l'Etat a été profondément modifiée (A) et les dispositifs de contrôle renforcés (B).

A. Une réforme en profondeur de la comptabilité de l'État

Avec la réforme, la comptabilité[98] de l'État vise désormais la description des opérations financières de l'État. A cet effet, elle est organisée en vue de permettre : (i) l'information des autorités de contrôle et de gestion ; (ii) la connaissance et le contrôle des opérations budgétaires et des opérations de trésorerie ; (iii) la connaissance de la situation du patrimoine ; (iv) la détermination des résultats annuels ; (v) le calcul du prix de revient, du coût et du rendement de l'activité des services ; (vi) l'intégration des opérations dans la comptabilité économique nationale ; et (vii) des analyses

[97] Cette mission d'assistance ne doit pas être confondue avec les missions qui incombent à la Cour des comptes, en particulier avec le rapport qu'elle doit présenter au moment du vote de la loi de règlement. Il s'agit surtout des enquêtes que le Parlement estime nécessaires à son information. Ces enquêtes peuvent porter sur l'évaluation d'une politique publique ou sur le fonctionnement d'un service de l'État.
L'assistance de la Cour des comptes au Parlement dans le contrôle des finances publiques doit rester compatible avec la nécessaire indépendance de la Cour des comptes.

[98] Article 69 de la Directive n°07/2009/CM/UEMOA portant règlement général de la comptabilité publique.

économiques et financières en vue de l'établissement de ratios et tableaux de bord.

Pour ce faire, les Directives ont introduit plusieurs innovations.

1. Le passage d'une comptabilité de caisse à une comptabilité d'exercice

Comme en France, le législateur communautaire a opté pour le passage d'une comptabilité de caisse à une comptabilité en droits constatés.

Dans une comptabilité d'exercice[99], tous les droits et obligations sont constatés avant les opérations de recouvrement et de règlement. Ainsi, les opérations budgétaires sont prises en compte au titre de l'exercice auquel elles se rattachent, indépendamment de leur date d'encaissement et de décaissement.

La comptabilité en droits constatés est fondée sur le principe du rattachement à un exercice budgétaire, des charges et des ressources s'y rapportant, qui ont pu être payées ou perçues l'année précédant ou suivant l'exercice.

Un nouveau plan comptable de l'État[100] et des normes comptables qui s'inspirent du Système Comptable Ouest Africain et des autres normes comptables internationales, tout en tenant compte des spécificités de l'État ont été mis en place. Ils consacrent la suppression des classes 0 et 9 du Plan Comptable de l'État ainsi que la consécration de la classe 8 aux opérations hors bilan[101]. Actuellement, en

---

[99] Article 6 de la Directive n°09/2009/CM/UEMOA portant plan comptable de l'État.

[100] Article 68 de la de la Directive n°07/2009/CM/UEMOA portant règlement général de la comptabilité publique.

[101] Art. 3 et 17 de la Directive n°09/2009/CM/UEMOA portant plan comptable de l'État.

France, 19[102] normes comptables ont été élaborées pour constituer le référentiel comptable de l'État contre 14[103] au sein de l'UEMOA.

Cette innovation comptable introduit la prise en compte de l'amortissement[104] et des provisions pour dépréciation, ainsi que les modalités de réévaluation de celles-ci. Également, les emprunts à moyen et long termes sont retracés comme des opérations de trésorerie[105] et non comme des ressources budgétaires, ce qui permet de mesurer la capacité réelle de l'État à assurer ses charges à partir de ses recettes propres.

Enfin, cette innovation comptable a opté pour une refonte globale des états financiers qui comprennent le bilan, le compte de résultats, le tableau de flux de trésorerie, le tableau des opérations financières du Trésor et l'état annexé visé à l'article 27 de la présente Directive. L'état annexé contient l'ensemble des informations utiles à la compréhension et à l'utilisation des états financiers de l'État. Toute opération particulière ou modification des normes comptables entre deux exercices doit être décrite et justifiée dans l'état annexé.

Ainsi, l'État peut disposer d'une vision pluriannuelle de ses engagements et de sa situation patrimoniale.

---

[102] https://www.performance-publique.budget.gouv.fr/budget-comptes-etat/comptes-etat/essentiel/grands-principes-comptabilite-etat/normes-comptables-etat#.XWuoyiqzZPY, consulté le 01 septembre 2019.

[103] Guide didactique du PCE – UEMOA, tome 1relatif aux normes comptables applicables aux états membres de l'UEMOA.

[104] Article 63 de la Directive n°07/2009/CM/UEMOA portant règlement général de la comptabilité publique.

[105] Article 55 de la Directive n°09/2009/CM/UEMOA portant plan comptable de l'État.

2. La mise en place d'une comptabilité analytique des coûts[106]

Comme en France[107], le législateur communautaire a introduit à travers la Directive portant règlement général de la comptabilité publique la notion de comptabilité analytique des coûts au-delà du concept « comptabilité d'analyse des coûts »initialement retenu par la France.

La comptabilité analytique des coûts a pour objet de faire apparaître les éléments de coûts des services rendus ou de prix de revient des biens produits et des services fournis et de permettre le contrôle des rendements et performances des services.

Également, elle permet[108] le calcul du prix de revient, du coût et du rendement de l'activité des services et l'intégration des opérations comptables dans la comptabilité économique nationale.

Ses modalités de mise en œuvre doivent être définies par les réglementations nationales.

3. Le maintien d'une comptabilité budgétaire

Comme en France, le législateur communautaire a maintenu le principe de la comptabilité budgétaire.

La comptabilité budgétaire a pour objet de retracer, pour l'exercice concerné, les opérations d'exécution du budget de l'État en recettes et en dépenses, conformément à la nomenclature de présentation et de vote du budget

---

[106] Art. 84 83 de la Directive n°07/2009/CM/UEMOA portant règlement général de la comptabilité publique.

[107] Article 55 du décret n°2018-803 du 24 septembre2018 modifiant le décret n° 2012-1246 du 7 novembre 2012 relatif à la gestion budgétaire et comptable publique (décret GBCP).

[108] Art. 69 de la Directive n°07/2009/CM/UEMOA portant règlement général de la comptabilité publique.

Elle relève donc d'une comptabilité de caisse qui retrace l'exécution des dépenses budgétaires, au moment où elles sont payées et l'exécution des recettes, au moment où elles sont encaissées.

4. L'instauration d'une comptabilité des matières, valeurs et titres

La comptabilité générale[109] de l'État s'appuie sur la comptabilité des matières. En effet, la comptabilité des matières[110], valeurs et titres est une comptabilité d'inventaire permanent ayant pour objet la description des existants, des biens mobiliers et immobiliers, des stocks autres que les deniers et valeurs de l'État. Cette comptabilité-matières est organisée à travers une Directive spécifique.

Ainsi, la gestion du patrimoine[111] de l'État relève de la compétence de chaque ordonnateur dans la limite de la part existant dans son ministère ou institution, sous réserve des pouvoirs des autorités chargées du patrimoine non financier.

B. Les dispositifs de contrôle renforcés

1. Le renforcement de la transparence

Le cadre harmonisé des finances publiques de l'UEMOA a pour pierre angulaire la Directive relative au Code de transparence, qui a inspiré et guidé la rédaction de toutes les autres Directives.

---

[109] Article 72 de la Directive n°06/2009/CM/UEMOA relative aux lois de finances.

[110] Art. 81 à 83 de la Directive n°07/2009/CM/UEMOA portant règlement général de la comptabilité publique.

[111] Art. 63 de la Directive n°07/2009/CM/UEMOA portant règlement général de la comptabilité publique.

Cette Directive définit les principes et obligations que les États membres respectent, dans leur législation comme dans leurs pratiques, aussi bien pour la gestion des fonds de l'État que celle des autres administrations publiques.

Elle introduit de profonds changements dans les domaines ci-après en matière de transparence : (i) légalité et publicité des opérations financières publiques ; (ii) attributions et responsabilités des institutions ; (iii) cadre économique ; (iv) élaboration et présentation des budgets publics ; (v) Mise en œuvre des recettes et des dépenses; (vi) Information du public ; (vii) intégrité des acteurs.

Elle renforce le contrôle citoyen. Ainsi, les citoyens, à la fois contribuables et usagers des services publics, sont clairement, régulièrement et complètement informés de tout ce qui concerne la gouvernance et la gestion des fonds publics : ils sont mis en capacité d'exercer, dans le débat public, leur droit de regard sur les finances de toutes les administrations publiques.

Le code de transparence institue également le principe de la déclaration de patrimoine. Ainsi, les détenteurs de toute autorité publique, élus ou hauts fonctionnaires, font une déclaration de leur patrimoine en début et en fin de mandat ou de fonction. Une loi spécifique précise les conditions et le périmètre d'application de ce principe et définit les infractions et sanctions de tout enrichissement illicite.

Également, il met en place de nouveaux principes pour l'accès aux postes comportant des responsabilités financières. Ainsi, nul ne peut être nommé ou affecté dans un poste comportant des responsabilités financières sans qu'aient été vérifiées préalablement ses compétences techniques, ses aptitudes professionnelles et les garanties déontologiques qu'il présente. Des programmes de formation adaptés entretiennent et actualisent ces compétences.

Enfin, il exige la mise des règles déontologique dans la gestion des affaires publiques. Le comportement des agents de l'État est régi par des règles déontologiques claires et largement connues de tous. Un code de déontologie spécifique aux élus, inspiré des principes du présent Code de transparence, est établi par le Parlement. Les règles et procédures disciplinaires de la fonction publique sont renforcées en ce qui concerne les infractions en matière de finances publiques.

2. Le développement du contrôle interne et du contrôle de gestion

La réforme, en mettant en place de nouvelles règles de gestion publique, a rendu indispensables la professionnalisation et la structuration des fonctions de contrôle de gestion et de contrôle interne au sein de l'ensemble des administrations publiques.

Ainsi, le responsable de programme doit veiller sur le respect des dispositifs de contrôle interne et de contrôle de gestion au sein de son programme.

3. La rénovation du contrôle financier

Contrairement à la France[112], le législateur communautaire a renforcé le pouvoir du contrôleur financier et ses responsabilités.

En ce qui concerne les missions, les nouvelles Directives[113] apportent certaines innovations à savoir :

---

[112] Un contrôle financier central, organisé précédemment par la loi du 10 aout 1922 qui instituait dans chaque ministère un « contrôleur des dépenses engagées », devenu « contrôleur financier en depuis le décret de 23 janvier 1956, a fait l'objet d'une profonde réforme par le décret n° 2005-54 du 27 janvier 2005 créant le contrôleur budgétaire et comptable ministériel.

- l'évaluation a posteriori des résultats et des performances des programmes, au regard des objectifs fixés, des moyens utilisés et de l'organisation des services des ordonnateurs ;
- l'adaptation dans les conditions définies par la réglementation nationale des modalités de mise en œuvre de ses contrôles au regard de la qualité et de l'efficacité du contrôle interne ainsi que du contrôle de gestion mis en œuvre par l'ordonnateur ;
- la possibilité de donner des avis sur la qualité de la gestion des ordonnateurs et sur la performance des programmes[114].

Et en matière de responsabilités, le Contrôleur financier[115] est personnellement responsable des contrôles portant sur la disponibilité des crédits, sur la vérification des prix par rapport à la mercuriale en vigueur et, au titre de la validité de la créance, sur l'exactitude des calculs de liquidation de la dépense.

Ainsi, ces innovations repositionnent le Contrôle financier sur le contrôle budgétaire, lequel vise à identifier et à prévenir les risques budgétaires ainsi qu'à analyser les facteurs explicatifs de la dépense et le coût des politiques publiques. Donc, elles aident à la surveillance de la soutenabilité budgétaire[116].

---

[113] Articles 87 à 92 de la Directive n°07/2009/CM/UEMOA portant règlement général de la comptabilité publique.

[114] Article 69 de la Directive n°06/2009/CM/UEMOA relative aux lois de finances.

[115] Article 79 de la Directive n°06/2009/CM/UEMOA relative aux lois de finances.

[116]La soutenabilité budgétaire consiste en l'adéquation des projets de dépenses d'un responsable administratif aux capacités d'engagement et droits de paiement qui lui sont notifiés ou qui sont susceptibles de lui être délégués dans le futur. Elle mesure sa capacité à honorer les engagements qu'il entend souscrire.

4. L'accroissement du rôle du Parlement

En effet, comme en France, le Parlement voit sa mission de contrôle des résultats de l'exécution budgétaire non seulement renforcée, mais au-delà, celle-ci se prolonge à travers une fonction nouvelle centrée sur l'évaluation des finances publiques.

Au stade du contrôle des résultats l'exécution, les principales innovations sont :

- l'assistance de la Cour des comptes au Parlement[117]. Ainsi, le Parlement peut demander à la Cour des comptes la réalisation de toutes enquêtes nécessaires à son information ;
- la revalorisation de la loi de règlement à travers : (i) l'enrichissement[118] des documents accompagnant la loi de règlement, notamment : la déclaration générale de conformité entre les comptes des ordonnateurs et ceux des comptables publics en plus du rapport sur l'exécution de la loi de finances de la Cour des comptes, les états financiers de l'État suivant les trois comptabilités et les rapports annuels de performance (RAP) ; (ii) et sa place dans le cycle budgétaire. Désormais, le projet de loi de règlement est déposé[119] sur le bureau du Parlement et distribué au plus tard le jour de l'ouverture de la session budgétaire de l'année suivant celle de l'exécution du budget auquel il se rapporte.

---

[117] Article 75 de la Directive n°06/2009/CM/UEMOA relative aux lois de finances.

[118] Article 51 de la Directive n°06/2009/CM/UEMOA relative aux lois de finances.

[119] Article 63 de la Directive n°06/2009/CM/UEMOA relative aux lois de finances.

5. L'accroissement du rôle de la Cour des comptes

La création des Cours des comptes dans les États de l'UEMOA est une réforme majeure déjà inscrite dans le traité instituant l'UEMOA en son article 68[120]. Cette obligation est réaffirmée[121] par la Directive relative au code de transparence.

Comme en France, le législateur communautaire a redéfini et renforcé les missions de la Cour des comptes.

Les principales innovations sont :

- le renforcement[122] du lien avec le Parlement à travers les missions d'assistance au Parlement ;
- le contrôle[123] des résultats des programmes et l'évaluation de l'efficacité, l'économie et l'efficience ;
- l'établissement[124] d'une déclaration générale de conformité entre les comptes des ordonnateurs et ceux des comptables publics en plus du rapport sur l'exécution de la loi de finances devant accompagner la loi de règlement ;

---

[120] Article 68 du traité de l'UEMOA « afin d'assurer la fiabilité des données budgétaires nécessaires à l'organisation de la surveillance multilatérale des politiques budgétaires, chaque État membre prend, au besoin, les dispositions nécessaires pour qu'au plus tard un an après l'entrée en vigueur du présent traité, l'ensemble de ses comptes puisse être contrôlé selon des procédures offrant les garanties de transparence et d'indépendance requise. Ces procédures doivent notamment permettre de certifier la fiabilité des données figurant dans les lois de finances initiales et rectificatives ainsi que dans les lois de règlement. Les procédures ouvertes à cet effet au choix de chaque État membre sont les suivantes : - recourir au contrôle de la Cour des comptes de l'Union ; - instituer une Cour des comptes qui pourra, le cas échéant, faire appel à un système d'audit externe. Cette cour transmettra ses observations à la Cour des comptes de l'Union.»

[121] Le point 5.6 de la Directive °01/2009/CM/UEMOA portant code de transparence des finances publiques.

[122] Article 75 de la de la Directive n°06/2009/CM/UEMOA relative aux lois de finances.

[123] Article 13 de la Directive n°06/2009/CM/UEMOA relative aux lois de finances.

[124] Article 51 de la de la Directive n°06/2009/CM/UEMOA relative aux lois de finances.

- l'émission[125] d'un avis sur le système de contrôle interne et le dispositif de contrôle de gestion, sur la qualité des procédures comptables et des comptes ainsi que sur les rapports annuels de performance ;
- le contrôle externe[126] des finances publiques et des politiques qu'elles soutiennent et la réaffirmation de l'indépendance de la Cour des comptes du pouvoir exécutif. Le programme et les méthodes de travail de la Cour des comptes ainsi que les conclusions de ses travaux sont établis en toute indépendance du pouvoir exécutif;
- l'obligation de l'information[127] du public des activités de la Cour des comptes à travers la publication des différents rapports. La Cour des comptes rend publics tous les rapports qu'elle transmet au Parlement, au Gouvernement et au président de la République. Elle publie également ses décisions particulières sur son site web s'il existe et dans au moins deux grands journaux nationaux de grande diffusion. Un suivi de ses recommandations est organisé et les résultats de ce suivi sont régulièrement portés à la connaissance du public ;
- le renvoi[128] aux législations nationales[129] des conditions d'interruption de la prescription de toutes

---

[125] Ibidem.

[126] Le point 5.6 de la Directive °01/2009/CM/UEMOA portant code de transparence des finances publiques.

[127] Le point 5.7 de la Directive °01/2009/CM/UEMOA portant code de transparence des finances publiques.

[128] Article 70 de la de la Directive n°06/2009/CM/UEMOA relative aux lois de finances.

[129] L'ancienne Directive n°05/97/CM/UEMOA relative aux lois de finances en ses articles 53 , 54 et 55 fixait les conditions d'interruption de la prescription de toutes créances au profit de l'Etat dont le paiement n'a pas été réclamé dans un délai de quatre ans à partir du premier jour de l'année suivant celle au cours de laquelle les droits ont été acquis.

créances au profit de l'État dont le paiement n'a pas été réclamé dans un délai de quatre ans à partir du premier jour de l'année suivant celle au cours de laquelle les droits ont été acquis ;

- l'introduction d'une prescription extinctive[130] de la responsabilité des comptables publics. Les comptes de gestion mis en état d'examen et déposés à la Cour des comptes, doivent être jugés dans un délai de cinq (5) ans. Passé ce délai, le comptable public est déchargé d'office de sa gestion ;
- la clarification des compétences[131] de la Cour des comptes en matière de fautes de gestion ;
- la clarification[132] des fautes de gestion sanctionnables de la Cour des comptes, la mise en place de nouveaux régimes et responsabilités et de sanctions pour les acteurs ;

La Cour des comptes dispose donc désormais du pouvoir de contrôler la gestion des ordonnateurs de façon directe, et non plus seulement par l'intermédiaire du jugement des comptes des comptables publics. Son domaine de compétences s'en est considérablement accru.

La tendance internationale exige des institutions supérieures de contrôle des finances publiques (ISC) une appréciation allant bien au-delà de la simple déclaration de conformité pour s'orienter vers une véritable certification des comptes, à l'image de ce qui existe dans le secteur privé. On peut donc concevoir à terme, et il est souhaitable, que

---

[130130] Article 75 de la Directive n°06/2009/CM/UEMOA relative aux lois de finances.

[131] Article 14 de la Directive n°06/2009/CM/UEMOA relative aux lois de finances.

[132] Articles 76 à 84 de la Directive n°06/2009/CM/UEMOA relative aux lois de finances.

l'avis de la Cour des comptes prenne la forme d'une certification des comptes.

6. L'instauration de nouvelles responsabilités des acteurs

En s'inspirant du modèle français, le législateur communautaire a profité de la Directive relative aux lois de finances pour introduire de nouvelles responsabilités des acteurs (ordonnateurs, contrôleurs financiers et comptables).

Les principales innovations sont :

- la clarification de la responsabilité des contrôleurs financiers à travers le visa qu'ils apposent sur les actes portant engagement de dépenses ou les ordonnances, mandats de paiement ou délégations de crédits, sur la vérification de la disponibilité des crédits, des prix par rapport à la mercuriale en vigueur et l'exactitude des calculs de liquidation de la dépense. Cette responsabilité disciplinaire, pénale et civile s'applique sans préjudice des sanctions qui peuvent leur être infligées par la Cour des comptes ;
- la clarification de la responsabilité des agents en charge de la comptabilité-matières. La comptabilité des matières est tenue par des agents habilités par l'ordonnateur. Ces derniers sont personnellement et pécuniairement responsables des mouvements qu'ils ordonnent sur les éléments du patrimoine ;
- Le renforcement du pouvoir de sanction disciplinaire du ministre chargé des finances en matière budgétaire. Lorsqu'un agent commet une faute de gestion ou un manquement aux règles de discipline dans le domaine budgétaire ou financier, le pouvoir disciplinaire prévu par les législations nationales sur

la fonction publique est exercé par le ministre chargé des finances, quel que soit le ministère de rattachement de l'agent ;

- la soumission de la remise gracieuse suite à un arrêt de débet à un avis conforme de la Cour des comptes ;
- le déplafonnement du niveau des amendes pour faute de gestion.

Chapitre 2 : Des résultats mitigés

Pour conduire à bien la mise en place de cette nouvelle réforme, entre 2013 et 2014, le Mali a transposé intégralement les six directives du cadre harmonisé des finances publiques de l'UEMOA dans son droit interne (cf. annexe 1). Il a entièrement adopté l'approche budget-programmes avec la loi de finances pour 2018[133] (préparée en 2017).

Ainsi, la réforme en cours au Mali s'étend-elle sur une période de plus de 10 ans. Des programmes de réforme ont été mis en place avec des plans d'actions quinquennaux glissants. D'aucuns pourraient se dire qu'il est encore précoce d'en mesurer les effets ou encore, qu'il est trop tôt pour en percevoir des changements radicaux. Il s'agit néanmoins de se demander comment la mise en place d'un État inspiré du modèle wébérien (en cours au Mali) s'accorde avec ce type de réforme de la gestion publique[134].

Afin de mieux appréhender ces questionnements, il y a lieu d'examiner les faiblesses et les insuffisances auxquelles la réforme demeure confrontée, à travers les différentes phases budgétaires notamment celle de préparation et d'adoption budgétaire (section 1) et celle d'exécution, de reporting et de contrôle budgétaire (section 2).

---

[133] Loi n°2017 -073 du 26 décembre 2017 portant loi de finances pour l'exercice 2018.

[134] Bezes (Philippe), *Construire des bureaucraties wébériennes à l'ère du new public management ?,* Paris, Presses de Sciences Po | « Critique internationale », 2007/2 n° 35 | pages 9 à 29, https://www.cairn.info/revue-critique-internationale-2007-2-page-9.htm, consulté le 30 août 2019.

Section 1 : Les réformes en matière de préparation et d'adoption budgétaire à l'épreuve de la réalité

Les réformes en matière de préparation et d'adoption budgétaire restent confrontées à certaines réalités liées d'une part au contexte socio-politique et économique et au cadre juridique (paragraphe 1), d'autre part aux insuffisances du dispositif de préparation et d'adoption du budget (paragraphe 2).

Paragraphe 1 : Un contexte socio-politique et économique et un cadre juridique peu favorables à certains changements

Le contexte socio-politique et économique au Mali fragilise la mise en œuvre de la réforme des finances publiques (A) et le cadre juridique communautaire demeure perfectible (B).

A. Un contexte socio-politique et économique peu favorable à la réforme

La République du Mali est héritière de grands empires et royaumes mais aussi de la colonie française du Soudan et de la Fédération du Mali. Après l'éclatement de cette dernière, Modibo Keïta proclame l'indépendance de la République soudanaise qui devient la République du Mali le 22 septembre 1960.

A l'indépendance, le Mali adopte une administration centralisée avec un parti unique et une gestion de type socialiste auxquels un coup d'état militaire mit fin en novembre 1968.

Après vingt-trois ans, le régime militaire fut renversé le 26 mars 1991, suite à un coup d'état militaire. Un régime de « Transition démocratique », puis une troisième République ont permis d'engager un processus de réforme institutionnelle. Un autre coup d'État intervenu le 12 mars 2012 a révélé la fragilité de la démocratie malienne.

Ainsi, la situation socio-politique et économique présente le tableau suivant :

- Une crise politique et institutionnelle sans précédent[135] marquée par l'occupation puis la libération des régions situées au nord, la suspension des institutions puis le retour à une vie constitutionnelle normale ;
- Une situation sécuritaire et sociale très fragile[136] caractérisée par la persistance des attaques terroristes malgré la signature d'un accord avec les mouvements rebelles, l'extension de la crise aux régions du centre du Mali, la montée des revendications catégorielles et politiques ;
- Des engagements communautaires et internationaux contraignants avec les difficultés que le Mali rencontre pour respecter certains critères de convergence qui s'imposent aux États membres de l'UEMOA et de la Communauté Économique des États de l'Afrique de l'Ouest (CEDEAO)[137] et les engagements internationaux souscrits à travers les appuis budgétaires généraux et sectoriels ainsi que

[135] Indice de stabilité politique du Mali s'est détérioré considérable de 2004 à 2018 (de 0,45 à – 2,05). www.govindicators.org. Consulté le 30 aout 2019.

[136] Le Mali se classe 137ème sur 163 pays pour l'indice de paix globale dans le monde. https://planificateur.a-contresens.net/classement_par_pays/global_peace_index.html. Consulté le 30 août 2019.

[137] La CEDEAO comprend 15 Etats membres dont les 8 pays de l'UEMOA.

le programme de facilité élargie de crédits (FEC) avec le FMI[138] ;

- Une dépendance à l'aide extérieure avec la présence de forces étrangères[139], notamment celles de la Mission multidimensionnelle intégrée des Nations unies pour la stabilisation au Mali (MINUSMA) et de Barkhane, des financements extérieurs[140] sous la forme d'appui budgétaire global ou d'appui budgétaire ciblé ;
- La montée en puissance des revendications identitaires[141], à la faveur de la crise securitaire, institutionnelle et politique, avec la volonté de certaines communauté[142] de recourir à des formes anciennes d'organisation de défense et sécurisation des biens ;
- Une montée en puissance des autorités traditionnelles et religieuses qui affichent tantôt leur soutien, tantôt leur opposition au pouvoir politique et qui proposent souvent des mesures à l'encontre des principes de redevabilité, de neutralité et de laïcité de l'administration ;

---

[138] La FEC est un mécanisme de prêt qui apporte un accompagnement soutenu à moyen ou à long terme sous la forme d'un programme dans les cas de problèmes persistants de balance des paiements. Pour plus de détails sur l'accord FEC en faveur du Mali et les perspectives économiques générales du pays, voir www.imf.org/mali.

[139] Le Mali se classe 96ème sur 138 pays pour Military Strength Ranking en 2019. https://www.globalfirepower.com/countries-listing.asp. Consulté le 30 août 2019.

[140] Béatrice Hibou. Economie politique du discours de la Banque mondiale en Afrique sub-saharienne : Du catéchisme économique au fait (et méfait) missionnaire. Etudes du CERI, 1998, pp.1-46. ffhal01010654.

[141]La Coordination des mouvements de l'Azawad (CMA), Coalition du peuple pour l'Azawad (CPA).

[142]Les Bamabara, les peuls et les dogons au centre du pays ; la Plateforme (groupes armés progouvernementaux) au nord du pays.

- Un cadre juridique de création, d'organisation et de fonctionnement des services publics trop rigide qui donne, à travers la constitution[143] et la loi[144], l'exclusivité à l'Assemblée nationale et au Conseil des ministres en matière de création, d'organisation et de fonctionnement des services publics et qui laisse peu de marges de manœuvre aux autres responsables (ministres, RPROG...) ;
- La corruption érigée en système de gouvernance et s'aggravant comme l'attestent les rapports du Vérificateur général, qui ont mis en exergue, sur la période 2005-2017, un montant cumulé des irrégularités financières se chiffrant à 742,30 milliards de FCFA[145] soit 1,13 milliard d'euros[146], ainsi que le rapport annuel 2018 de Transparency International et Doing business de la Banque mondiale qui classent le Mali respectivement 122ème rang sur 180 pays considérés comme les moins corrompus et 145ème[147] rang sur 190 pays classés en matière de climat des affaires ;
- Un système judiciaire défaillant se manifestant par des fautes professionnelles répétées et impunies, la méfiance et la défiance de la part des citoyens et l'aggravation des conflits inter et intracommunautaires mal gérés ;
- Le déficit du contrôle démocratique, notamment par une Assemblée nationale quasi monocolore (à cause

---

[143] Articles 53 et 70 de la Constitution du 25 février 1992.

[144] Loi N°2014-049 du 19 septembre 2014 portant principes fondamentaux de la création, de l'organisation et du contrôle des services publics.

[145] Rapports 2005 à 2017 du Vérificateur général, http://www.bvg-mali.org/, consulté le 31 août 2019.

[146] 1 euro = 655,657 FCFA

[147] http://francais.doingbusiness.org/fr/reports/global-reports/doing-business-2018, consulté le 31 août 2019.

des règles de la majorité présidentielle), acquise à la cause de l'Exécutif, souffrant du faible niveau d'éducation et de la faible maîtrise des textes par la majeure partie des députés et de l'insuffisance des ressources matérielles et financières nécessaires à l'accomplissement de sa mission ;

- Une liberté de presse encore perfectible qui, malgré la libéralisation de 1992, octroie au Mali un score de 35,23[148] sur 100 et le 112ème rang sur 180 pays classés en 2019 par Reporters Sans Frontières comme les moins prédateurs de liberté de la presse ;
- Une dimension sociale encore pesante dans les affaires publiques, caractérisée par le clientélisme familial et politique, le népotisme, le corporatisme, un système de pouvoir personnel qui repose sur un mode de régulation informel dans lequel « l'institutionnalisation du pouvoir s'appuie sur une personnalisation qui la nie et la met en question[149] », le poids du respect dû aux ainés et de la protection due aux cadets.
- Une perte des valeurs morales qui se traduit par le sacrifice des valeurs du patriotisme et de la citoyenneté sur l'autel du « gain facile », la résignation dans laquelle bon nombre de maliennes et de maliens se sont installés sous les prétextes de la mondialisation et de la pauvreté, donnant ainsi raison à cet ancien Président malien qui confiait : « *Nous avons tenu des États-généraux dans tous les secteurs, mais cela n'a rien donné. Il nous faut*

[148] https://rsf.org/fr/classement, consulté le 18 septembre 2019.

[149] Médard (Jean François), *États d'Afrique Noire*, Paris, Éditions Karthala, 1992, page 361.

maintenant tenir les États généraux de l'homme malien, car c'est lui le vrai problème du Mali.... » [150] ;

- Une instabilité gouvernementale marquée, entre le 8 septembre 2013 et le 23 avril 2019, par la nomination de six Premiers ministres et des centaines de ministres pour lesquels il faut agir vite et afficher des résultats, alors que l'enracinement des actions publiques prend nécessairement du temps ;
- Un travail gouvernemental inefficace, caractérisé par des méthodes et un environnement de travail peu efficients, souffrant de la juxtaposition des différents cadres de coordination (Réunion interministérielle, Coordination des secrétaires généraux, Conseil de Cabinet, Conseil des ministres), de la fréquence des cérémonies protocolaires et de l'apport insuffisant des TIC ;
- Une classe politique contestée et divisée, comme en témoignent les manifestations et les grèves organisées en 2018 et 2019, notamment à l'occasion de l'élection présidentielle et suite au report des élections législatives et locales ;
- Un système électoral peu transparent[151], source de crises post-électorales en raison de dénonciations relatives aux fraudes, achats de conscience, bourrage d'urnes, falsifications des résultats,

---

[150] http://www.cultures-et-croyances.com/dossier-special-les-dfis-du-mali-nouveau-365-propositions-pour-lmergence-pour-hymne/, consulté le 07 septembre 2019

[151] Le Mali se classe 100ème sur 167 pays pour l'indice global de la démocratie en 2019. http://www.eiu.com/Handlers/WhitepaperHandler.ashx?fi=Democracy-Index-2019.pdf&mode=wp&campaignid=democracyindex2019. Consulté le 30 août 2019.

défaillance du système judicaire et mode de scrutin majoritaire excluant les couches minoritaires ;

- Une extrême pauvreté persistante[152], source de radicalisation, avec l'épineux problème de l'emploi des jeunes, l'impact négatif de « l'effort de guerre » et de la corruption sur les actions de développement et les activités économiques (agriculture, pêche, élévage, commerce, artisanat, tourisme), un secteur industriel souvent en récession et une pression fiscale en-deçà du seuil minimal[153] requis par l'UEMOA ;
- Un boulversement climatique pesant caractérisé par le réchauffement climatique et la perte de la biodiversité et causé par des phénomènes climatiques (sécheresse) et anthropiques (pression démographiques, agriculture extensive, feux de brousse, etc.) ;
- Une démographie en forte croissance, confrontée à la faible capacité des services publics (santé, éducation, etc.), au faible bénéfice des fruits de la croissance, à une urbanisation non maîtrisée et à desfaibles opportunités d'emplois décents.

Ce contexte global nécessite des réformes institutionnelles qui tardent à voir le jour.

---

[152] Aucun des huit objectifs du millénaire pour le développement n'a été atteint par le pays en 2015. Son indice de développement humain durable152 est de 0,427 en 2017, soit 182ème sur 189 pays classés (Source : Document du PREM 2017-2021, résumé, page ix, PNUD http://hdr.undp.org/sites/default/files/HDR2016_FR_Overview_Web.pdf, consulté le 30 août 2019 et PNUD http://report.hdr.undp.org/ consulté le 30 août 2018).

[153] La pression fiscale, de l'ordre de 15,3% du PIB en 2017est en-deçà du seuil minimal de 20% requis par les critères de convergence de l'Union économique et monétaire ouest africaine (UEMOA) (Source : DPBEP 2019-2021, DGB et Critères de convergence de l'UEMOA, UEMOEA).

1. Une réforme institutionnelle nécessaire mais non aboutie

La réforme institutionnelle indispensable pour mieux accompagner la réforme des finances publique tarde à aboutir. Le Mali a fait le choix de soumettre au référendum[154] toute modification de l'actuelle constitution (25 février 1992). Depuis, après trois tentatives, la révision constitutionnelle n'a toujours pas vu le jour.

La première proposition, initiée en octobre 1999 sous le Président Alpha Oumar Konaré, a été déclarée anticonstitutionnelle à la suite d'une saisine de la Cour Constitutionnelle en date des 13 et 20 novembre 2001.

La deuxième tentative remonte à 2008, sous la présidence d'Amadou Toumani Touré (ATT). Elle a été emportée, ainsi que son initiateur principal le Président ATT, par le coup d'état du 22 mars 2012.

La troisième tentative date de 2017. Elle avait pour objectif de moderniser les institutions de la République et de permettre l'application de l'Accord pour la Paix et la Réconciliation au Mali, notamment grâce au rôle accru des collectivités territoriales. Face aux contestations politiques, le Conseil des ministres a décidé du report à une date ultérieure du référendum, initialement prévu pour le 9 juillet 2017.

En 2019, le Gouvernement a relancé le projet de révision constitutionnelle. Un dialogue national, réclamé sous diverses formes comme stratégie de sortie de la crise

---

[154] Article 118 de la Constitution « - L'initiative de la révision de la Constitution appartient concurremment au Président de la République et aux Députés. Le projet ou la proposition de révision doit être voté par l'Assemblée Nationale à la majorité des deux tiers de ses membres. La révision n'est définitive qu'après avoir été approuvé par référendum. Aucune procédure de révision ne peut être engagée ou poursuivie lorsqu'il est porté atteinte à l'intégrité du territoire. La forme républicaine et la laïcité de l'Etat ainsi que le multipartisme ne peuvent faire l'objet de révision ».

multidimensionnelle que vit le pays depuis 2012, devrait statuer sur la réforme constitutionnelle.

2. Une réforme territoriale inachevée

L'État malien a affirmé depuis les années 1960 sa volonté de mettre en œuvre des réformes permettant à son administration de s'adapter aux exigences du développement, de s'affranchir des structures laissées par la colonisation et d'affirmer l'indépendance du pays.

Ainsi, la Constitution du 22 septembre 1960 érige en collectivités territoriales toutes les circonscriptions dont les villages et les fractions, et la loi du 2 mars 1966 fixe le code municipal en République du Mali. Avec cette loi, toutes les communes constituées sous la colonisation ont désormais un statut commun. Mais les communes rurales, prévues par la Constitution, n'ont pas été créées et au niveau des régions, les assemblées régionales n'ont jamais été élues.

Après le coup d'État du 19 novembre 1968, les conseils municipaux élus sont dissous et remplacés par des délégations spéciales. Plus tard, l'ordonnance du 12 juillet 1977 organise le territoire en régions, cercles, arrondissements, communes, villages, fractions nomades et district de Bamako[155].

Après le coup d'État du 26 mars 1991, l'ordonnance[156] du 8 août 1991 énonce que le territoire de la République du Mali comprend : le district de Bamako (divisé en six communes) et huit régions divisées en cercles, arrondissements et communes.

---

[155] Bamako devient un district, collectivité décentralisée régie par un statut particulier et composé de six communes. La région de Gao est partagée en deux : la Région de Gao et la région de Tombouctou. En 1982, la commune urbaine de Bougouni est créée.

[156] La région de Kidal et cinq nouvelles communes urbaines sont créées par ordonnance : Banamba, Niono, Diré, Doïla et Bandiagara.

La troisième République consacre un véritable essor de la décentralisation. Aux termes des articles 97 et 98 de la Constitution du 25 février 1992, « les collectivités territoriales sont créées et administrées dans les conditions définies par la loi » et « s'administrent librement par des conseils élus ». Il a été créé 684 communes rurales, 19 communes urbaines, 49 cercles, 8 régions et un district.

En 2011, le nombre de régions passe de huit à dix-neuf sur une période de 5 ans et une loi portant création des circonscriptions, cercles et arrondissements des nouvelles régions de Tombouctou, Taoudéni, Gao et Ménaka a été adoptée.

Malgré ces réformes, la gestion territoriale se caractérisait par certaines insuffisances, notamment : (i) le manque de viabilité financière de plusieurs communes ; (ii) le nombre limité de compétences transférées et la complexité de leur mise œuvre ; (iii) le manque de clarté des préoccupations de la tutelle, notamment en matière budgétaire ; (iv) la persistance des litiges liés au découpage territorial ; (v) le niveau de corruption élevé, singulièrement dans les questions foncières et budgétaires ; (vi) des conflits de compétences avec l'administration déconcentrée de l'État.

Après des années de mise en œuvre, la gestion de la crise sécuritaire et institutionnelle de 2012, relance l'approfondissement de la décentralisation. L'Accord pour la paix et la réconciliation prévoit une plus large représentation des communautés dans les assemblées régionales et à l'Assemblée nationale.

Dans le cadre de la mise en œuvre de l'Accord, plusieurs nouveaux textes ont été adoptés en 2017, notamment la loi n°2017-051 du 2 octobre 2017[157]portant code des collectivités territoriales, la loi n° 2017-052 du 2 octobre 2017[158] déterminant les conditions de la libre administration des collectivités territoriales et la loi n° 2017-053 du 2 octobre 2017[159] portant statut particulier du district de Bamako.

Ces textes ont apporté plusieurs innovations en ce qui concerne notamment la typologie des collectivités territoriales, les modalités de transfert des services déconcentrés de l'État aux collectivités territoriales, l'institution de comités consultatifs de sécurité au niveau régional et local, l'introduction du suffrage universel direct pour l'élection des membres des conseils de cercle, la définition des principes fondamentaux du droit budgétaire et comptable applicable aux collectivités territoriales et la précision des attributions et responsabilités des principaux acteurs de l'exécution des budgets des collectivités territoriales.

Ces changements s'inscrivent, en outre, dans le cadre de la transposition de la Directive n°01/2011/CM/UEMOA du 24 juin 2011 portant régime financier des collectivités territoriales au sein de l'Union économique et monétaire Ouest africaine.

La poursuite du processus de réforme territoriale, qui s'est heurté à une opposition au projet de texte relatif au

[157]En remplacement de Loi n°2012-007 du 7 février 2012 modifiée, portant code des collectivités territoriales.
[158] En remplacement de la Loi n°93-008 du 11 février 1993, modifiée, déterminant les conditions de la libre administration des collectivités territoriales.
[159] En remplacement de la Loi n° 96-025 du 21 février 1996 modifié, portant statut particulier du District de Bamako.

découpage territorial, a été placée sous l'égide du Dialogue Politique Inclusif[160].

Malgré ces progrès enregistrés en matière de décentralisation, il reste que la cohérence entre la structure de l'administration déconcentrée et la nomenclature par politiques publiques du budget de l'État est insuffisante.

En effet, la mise en œuvre de la nomenclature budgétaire « en tuyaux d'orgues » pose aux services déconcentrés de l'État des difficultés de gestion dues à une prise en compte insuffisante du point de vue des gestionnaires territoriaux, à des structures de gestion trop nombreuses et à une organisation territoriale inadaptée.

3. Une fonction publique sans culture du résultat

Dans son article « nouvelle gouvernance financière publique durable et conduite de la réforme budgétaire dans les pays en développement »[161], Michel Bouvier insiste sur la nécessité de porter une attention particulière au potentiel humain. Une réforme ne peut réussir que si elle est appropriée par des acteurs responsabilisés.

Actuellement, les deux fonctions publiques au Mali (État et collectivités territoriales) connaissent plusieurs maux qui les éloignent d'une culture de résultat.

Ces maux se caractérisent par :

- Un statut général en perte de vitesse[162], vidé de sa substance par la multiplication de statuts autonomes et hybrides obtenus au moyen de pressions sociales ;

---

[160] Débat national placé sous la responsabilité du président de la République (comme ce fut le cas en France).

[161] Revue française de finances publique, N°98, juin 2007, Michel Bouvier.

[162] Politique nationale de la Gestion axée sur les résultats, p.18-19 et Rapport sur la Performance de la Gestion des Finances Publiques sur la période 2013-2015 selon le cadre méthodologique PEFA 2016, annexe 2, p.34.

- Une politique de gestion des cadres organiques et des postes dans l'administration publique inefficiente[163], ne tenant pas compte du transfert des compétences et des ressources du niveau central vers le niveau régional, avec des administrations qui ne disposent pas de fiches de poste qui sont pourtant nécessaires pour le recrutement et la mobilité des personnels, ainsi que pour l'identification des besoins et l'élaboration des plans de formation ;
- Un politique de recrutement centralisée et inadaptée à la culture de performance[164], relevant de la compétence exclusive des ministères en charges des deux fonctions publiques (État et collectivités territoriales) et ne laissant pas suffisamment de marges de manœuvre aux autres responsables (ministres, RPROG...), sans lien avec les cadres organiques, avec une pléthore de personnel d'appui dans les services ;
- Une politique de formation initiale restreinte et encore perfectible[165], dispensée à l'École nationale d'administration pour certains[166] fonctionnaires de catégorie A afin de les préparer aux responsabilités de conception, de direction et de gestion ;

---

[163] Ibidem, p.18-19

[164] Ibidem.

[165] Politique nationale de la Gestion axée sur les résultats, p.18-19 et Rapport sur la Performance de la Gestion des Finances Publiques sur la période 2013-2015 selon le cadre méthodologique PEFA 2016, annexe 2, p.34.

[166]Elle concerne les corps suivants : conseillers des affaires étrangères, administrateurs civils, inspecteurs des impôts, inspecteurs du trésor, inspecteurs des finances, inspecteurs des douanes, administrateurs du travail et de la sécurité sociale, inspecteurs des services économiques et planificateurs.

- Une politique de formation continue inefficace[167] qui, malgré l'existence de dispositifs nationaux (École nationale d'administration, Centre de formation des collectivités territoriales, etc.) souffre de l'inadéquation des modalités d'organisation (choix des thèmes, du lieu, des participants, des formateurs…) et de l'absence de valorisation des formations ;
- Une politique d'allocation des ressources humaines inefficace[168], en raison des influences politiques et sociales, de la forte centralisation des affectations nationales et régionales qui relèvent respectivement de la compétence des ministères en charge des deux fonctions publiques et des gouverneurs, ne laissant pas suffisamment de marges de manœuvre aux autres responsables (RPROG, RBOP…) ;
- Une culture de l'éthique et de la déontologie inexistante[169] qui, en l'absence de comités d'éthique, sauf pour certains statuts autonomes, ne laisse pas de moyens de recours aux usagers des services publics face au mauvais comportement des agents ;
- Une gestion de carrière clientéliste, basée dans le meilleur des cas sur l'ancienneté, sinon le plus souvent sur les rapports ethniques ou amicaux et les influences politiques, ouvrant la voie à la politisation des postes administratifs[170].

---

[167] Politique nationale de la Gestion axée sur les résultats, p.18-19 et Rapport sur la Performance de la Gestion des Finances Publiques sur la période 2013-2015 selon le cadre méthodologique PEFA 2016, annexe 2, p.34.

[168] Politique nationale de la Gestion axée sur les résultats, p.18-19

[169] Ibidem.

[170]Sissoko (Diango), *La Fonction publique en Afrique noire : le cas du Mali*, Rouen, Publication Université de Rouen, n°116, 1986, page 4.

- Une politique salariale[171] en déphasage avec les réalités socio-économiques, ne favorisant pas l'accès aux biens et services, à l'éducation, à la santé, n'offrant pas aux fonctionnaires un salaire décent qui les mette à l'abri de l'utilisation abusive des avantages en nature non encadrés, au clientélisme familial et politique, au népotisme, à la gabegie, au corporatisme, à la corruption et à la délinquance financière et laissant insatisfaits 87,10% des fonctionnaires, selon l'audit sur la fonction GRH au Mali[172];
- Un régime indemnitaire trop rigide, trop centralisé, avec une faible prise en compte de la notion de performance[173], inéquitable, créant des sentiments de démotivation, source d'inefficacité[174], relevant de la compétence exclusive du Conseil des ministres et ne laissant pas suffisamment de marges de manœuvre aux autres responsables (ministres, RPROG...) en fonction du mérite et des résultats des agents;
- Des avantages en nature (logements, véhicules, carburants, produits alimentaires, produits d'entretien, billets d'avions, assurances...) mal encadrés et inéquitables, sources de déperdition[175]

---

[171] Régime de rémunération des fonctionnaires régit par la loi n° 67-11/ANRM du 13 avril 1967.

[172]CDI, *Audit de la fonction gestion des ressources humaines au sein de l'Administration publique, Rapport final*, Bamako, Commissariat au Développement Institutionnel, janvier 2006, page 31.

[173] Le régime de primes de rendement fixé par le Décret n°151/PG-RM du 29 août 1975 n'est pas attractif et est, par conséquent, très peu appliqué au sein de l'administration.

[174] Politique nationale de la Gestion axée sur les résultats, p.18-19 et Rapport sur la Performance de la Gestion des Finances Publiques sur la période 2013-2015 selon le cadre méthodologique PEFA 2016, annexe 2, p.34.

[175]http://www.bvg-mali.org, consulté le 30 août 2019.

et de démotivation[176] dont la distribution dépend de la capacité financière des administrations et de la volonté des responsables dirigeants ;

- Un système d'évaluation annuelle en déphasage avec la performance et le développement des compétences des agents[177], basé sur un avancement par ancienneté où la majorité des agents sont notés « implicitement bons ». Cela, ne permet guère de distinguer les agents en fonction de leur valeur professionnelle, contribuant à l'inflation des dépenses publiques, sans que celles-ci n'agissent sur l'amélioration de la qualité des prestations de l'administration, laissant insatisfaits 52,4 % des fonctionnaires, selon l'audit sur la fonction GRH au Mali[178] ;
- Une absence de cohérence dans l'articulation des acteurs chargés de la gestion des ressources humaines (DNFPP, DRH, CNCFP...), avec une concentration au sein des directions centrales en charge de la fonction publique malgré la création des DRH et des Bureaux régionaux de GRH ;
- Une forte centralisation des organes de gouvernance paritaire[179] (commission administrative paritaire, comité technique, comité d'hygiène, de sécurité et des conditions de travail), relevant de la compétence exclusive des ministères en charge des deux

---

[176] Politique nationale de la Gestion axée sur les résultats, p.18-19.

[177] Politique nationale de la Gestion axée sur les résultats, p.18-19 et Rapport sur la Performance de la Gestion des Finances Publiques sur la période 2013-2015 selon le cadre méthodologique PEFA 2016, annexe 2, p.34.

[178]CDI, *Audit de la fonction gestion des ressources humaines au sein de l'Administration publique, Rapport final*, Bamako, Commissariat au Développement Institutionnel, janvier 2006, page 32.

[179] Décret n°o5-164/P-RM du 6 avril 2005 fixant les modalités d'application du statut général des fonctionnaires.

fonctions publiques, ne facilitant pas le dialogue social et ne laissant pas suffisamment de marges de manœuvre aux autres responsables (ministres, RPROG...) dans le cadre de la gestion des mesures individuelles (notation, avancement, mobilité, sanctions) et collectives (organisation des services, amélioration des conditions de travail...) ;

- Une politique défaillante de décompte du temps de travail, malgré l'existence de textes et les possibilités offertes par les technologies de l'information et de la communication, pour la détermination du salaire mensuel, ayant pour conséquence un absentéisme chronique source de déperdition financière et d'inefficacité, comme l'atteste le diagnostic sectoriel du système éducatif national réalisé par l'UNESCO au Mali en 2017 qui révèle que 15,2 % du volume horaire attendu par les élèves au second cycle du fondamental n'est pas assuré en 2014-2015 pour diverses raisons ;
- Une insuffisance des stratégies, des démarches, des outils de gestion moderne, notamment les manuels, guides pour l'encadrant et pour l'évaluation, logiciels spécialisés en vue une gestion prévisionnelle des effectifs et des compétences.
- Une faible maîtrise des effectifs et des niveaux de diplômes des agents publics, avec l'existence d'agents fictifs et de faux diplômes dans l'administration publique ;
- Une gestion anachronique des mobilités catégorielles à travers la délivrance des congés de formation sans lien avec la gestion prévisionnelle des effectifs et des compétences ;

- Une absence notoire de toute protection pour les agents qui refusent d'exécuter un ordre illégal et qui peuvent faire l'objet de sanctions disciplinaires.

4. Une faible articulation entre la réforme administrative et la réforme des finances publiques[180]

Il existe au moins aujourd'hui trois grands chantiers de réforme de l'État au Mali qui sont : le programme de développement institutionnel (PDI), la décentralisation et la réforme de la gestion des finances publiques (PREM[181]). Ce sont des réformes transversales, communes à tous les services de l'État, qui sont par ailleurs complétés par des programmes de réforme sectorielle comme le Programme Décennal de Développement de l'Éducation (PRODEC) et le Programme Décennal Développement Sanitaire et Social (PRODESS) etc.

Néanmoins, il n'existe pas de lien entre les différents programmes majeurs de réforme de l'État et les réformes sectorielles. La mise en place du PDI 2ème génération, avec un nouveau cadre de pilotage[182], n'a pas permis de corriger ce dysfonctionnement. Finalement, la mise en œuvre des trois réformes stratégiques (PDI, PREM, Décentralisation) et des réformes sectorielles (PRODEC2 2019-2030, PRODESS 2014-2023) se poursuit sans véritable synergie.

---

[180] Rapport d'Evaluation du Programme de Développement Institutionnel (PDI) 2003-2013, Mars 2015, p.64-64.

[181] Plan de Réforme de la Gestion des Finances Publiques du Mali (PREM), établi sur la période 2017-2021.

[182] Il s'agit de : le Conseil d'Orientation de la Réforme de l'État (CORE) ; le Comité de Pilotage Stratégique de la Réforme de l'État (CPSRE) et les Comités de Pilotage Opérationnel des plans de réforme sectorielle intégrée (CPO-RSI). Mais sur le terrain, les CPO-RSI ne sont pas fonctionnels.

5. Un pilotage peu stratégique de la réforme

Selon Michel Bouvier « ...la démarche de réforme ne peut aller au gré des impulsions données par les uns et les autres. Elle doit être guidée, pilotée... »[183].

Au Mali, le pilotage stratégique de la réforme des finances publiques n'est pas suffisant. Il est actuellement assuré à deux niveaux :

- Au niveau ministériel, par un comité technique, un secrétariat technique, des structures bénéficiaires et des commissions thématiques, la Cellule d'Appui à la Réforme des Finances Publiques (CARFIP) assurant la mission d'animation et de coordination des activités, avec l'implication des partenaires techniques et financiers, de l'Assemblée nationale, du Conseil National de la Société Civile et des Collectivités territoriales ;
- Au niveau communautaire, à travers le cadre du suivi des réformes budgétaires et comptables du niveau communautaire et l'Observatoire des Finances Publiques (OFP) de l'UEMOA ;

Contrairement aux deux autres réformes majeures en cours (PDI et décentralisation), la réforme des finances publiques ne dispose pas d'un comité de suivi interministériel, ou parlementaire.

Egalement, le positionnement actuel de la CARIFP[184], laissant l'initiative des propositions d'activités aux structures bénéficiaires, n'en fait pas un intrument de politage stratégique de la réforme.

---

[183] Article « nouvelle gouvernance financière publique durable et conduite de la réforme budgétaire dans les pays en développement » paru dans « Revue française de finances publiques », N°90, juin 2007, pp.159-178.

[184]Lettre n°03818/MEF-SG du 25 septembre 2019 relative à la mission d'assistance technique du FMI en gestion des dépenses publiques en mode budget-programme ne cible pas la CARFIP comme interlocuteur.

6. Un plan pluriannuel de formation pour la réforme, en décalage avec les besoins

L'un des défis importants de la réforme reste la professionnalisation des ressources humaines de l'administration à tous les niveaux. La création de l'École nationale d'administration (ENA), du Centre de formation des collectivités territoriale (CFCT) et du Centre de formation pour le développement (CFD), répond à ce défi. Mais l'inexistence des fiches de poste, d'un système d'évaluation basé sur la performance et la très forte mobilité des ressources humaines nuisent à l'efficacité d'un tel dispositif.

B. Un cadre juridique communautaire présentant certaines limites

1. Une limitation des autorisations d'engagement (AE) aux seules dépenses d'investissement, préjudiciable à la performance[185]

La rigueur dans la mise en œuvre de l'annualité budgétaire laisse subsister certains avatars liés à l'annulation, de principe, des crédits de paiement non consommés en fin d'exercice budgétaire. Or la mise en place de la pluriannualité au niveau des programmes devrait conférer plus de souplesse aux mécanismes juridiques de report de crédit ; il s'agit de faire du non-report l'exception et du droit au report le principe.

D'un point de vue logique, il est peu raisonnable de s'inscrire dans une dynamique de préparation et de gestion budgétaires pluriannuelles, de concevoir et de mettre en œuvre des programmes budgétaires à exécution

---

[185]Médé (Nicaise), *« Réflexion sur le cadre harmonise des finances publiques dans l'espace UEMOA »*, accessible sur Internet à travers l'URL http://afrilex.u-bordeaux4.fr/reflexion-sur-le-cadre-harmonise.html.

pluriannuelle et au même moment de donner une valeur absolue à l'annualité budgétaire par l'annulation, de droit, des crédits de paiement non consommés en fin d'année budgétaire.

Cette limitation des autorisations d'engagement (AE) aux seules dépenses d'investissement est préjudiciable à certaines dépenses car elle ne tient pas compte de la nature de certaines activités, de la bureaucratie administrative et des contraintes liées à la passation et à l'exécution des marchés.

2. L'adoption du programme comme unité de vote du budget, une limitation du pouvoir parlementaire

Le législateur communautaire a décidé d'omettre volontairement[186] la notion de mission, en optant pour la décomposition des crédits en programmes[187] et en dotations[188].

Contrairement à la France, dans les pays de l'UEMOA, l'unité de vote des députés est fixée sur le programme. Ils peuvent, à l'intérieur d'un programme, augmenter les crédits d'une action, à charge de diminuer les crédits d'une autre pourvu que la masse totale des crédits soit inchangée[189]. Mais une telle marge de manœuvre n'a pas de véritable incidence dans la mesure où les actions sont des

---

[186] Il aurait été plus sage pour les rédacteurs de la directive de s'inspirer de la LOLF de 2001 qui a fixé l'unité de vote des crédits au niveau des missions.

[187]Article 12 de la Directive n°06/2009/cm/UEMOA du 26 juin 2009 portant lois de finances au sein de l'UMEOA « ... A l'intérieur des ministères, ces crédits sont décomposés en programmes, sous réserve des dispositions de l'article 14 de la présente Directive... ».

[188] Article 14 de la Directive n°06/2009/cm/UEMOA du 26 juin 2009 portant lois de finances au sein de l'UMEOA « Les crédits budgétaires non répartis en programmes sont répartis en dotations... ».

[189] Chapitre 2 du titre iv de la de la Directive n°06/2009/CM/UEMOA relative aux lois de finances.

unités prévisionnelles d'exécution des crédits, elles sont listées à titre indicatif et n'ont pas de traduction budgétaire prévue comme telle.

L'existence des missions dans la répartition des crédits faciliterait la coordination de l'action gouvernementale car plusieurs ministères peuvent être amenés à travailler sur un ensemble d'activités. En réalité, il existe des interconnexions entre tous les secteurs d'activités. Le législateur communautaire a donc omis un moyen efficace de coordination de l'action gouvernementale.

3. Les régimes de responsabilités des ordonnateurs et des comptables publics non adaptés aux réalités et à l'esprit de la réforme

Le nouveau régime de responsabilités s'éloigne des recommandations conventionnelles, notamment celles relatives à la Convention des Nations unies[190] sur la corruption ainsi qu'à la Convention de l'Union Africaine sur la prévention et la lutte contre la corruption[191]. En effet, ce régime maintient le principe des privilèges et des immunités

[190]La Convention des Nations unies sur la corruption, au paragraphe 2 de son article 30, dispose, au point 2 : « *Chaque Etat partie prend les mesures nécessaires pour établir ou maintenir, conformément à son système juridique et à ses principes constitutionnels, un équilibre approprié entre toutes immunités ou tout privilèges de juridiction accordés à ses agents publics dans l'exercice de leurs fonctions, et la possibilité, si nécessaire, de rechercher, de poursuivre et de juger effectivement les infractions établies conformément à la présente Convention* ».

[191]La Convention de l'Union Africaine sur la prévention et la lutte contre la corruption, plus contraignante, stipule en son article 7, point 5 : « *sous réserve des dispositions de la législation nationale, toute immunité accordée aux agents publics ne constitue pas un obstacle à l'ouverture d'une enquête sur les allégations et d'un procès contre de tels agents* ».

pour les membres du Gouvernement et les présidents des institutions[192].

La réforme crée aussi des insatisfactions par rapport à la responsabilité personnelle et pécuniaire des comptables publics (nature juridique inchangée, inquiétudes sur le montant du laissé à charge, incertitude sur la notion de préjudice). Ces insatisfactions posent la question de l'avenir du contrôle juridictionnel des comptes.

4. Une absence d'encadrement des mesures de régulation budgétaire (des annulations de crédits et la réserve de précaution), préjudiciable au contrôle parlementaire[193]

Le législateur communautaire a reconnu au ministre chargé des finances un pouvoir de régulation budgétaire exclusif[194] qui lui permet d'annuler un crédit devenu sans objet au cours de l'exercice ou pour prévenir une détérioration des équilibres budgétaire et financier de la loi de finances.

Ainsi, au-delà de la transmission des différents actes relatifs à ces régulations budgétaires et de leur régularisation à travers une loi de finances rectificative, le législateur communautaire n'a retenu aucune autre forme

---

[192] Article 74 de la Directive n°06/2009/CM/UEMOA relative aux lois de finances « Les membres du Gouvernement et les présidents des institutions constitutionnelles encourent, en raison de l'exercice de leurs attributions, les responsabilités que prévoit la Constitution de chaque État.
À cet effet, les États membres prennent toutes mesures législatives, réglementaires, juridictionnelles, institutionnelles, et administratives pour rendre effectives ces dispositions constitutionnelles ».

[193]Mekhantar (Joël), *Finances publiques de l'Etat. La LOLF et le nouveau droit budgétaire*, Paris, hachette Supérieur, 2010, pages 119--122.

[194] L'ancienne Directive n°05/97/CM/UEMOA relative aux lois de finances stipulait en son article 14 « Tout crédit qui devient sans objet en cours d'année peut être annulé par arrêté du ministre chargé des finances, après avis du ministre intéressé ».

d'encadrement des mesures de régulation budgétaire (des annulations de crédits et la réserve de précaution) affectant le montant des autorisations parlementaires.

5. Une absence d'encadrement des modifications réglementaires (décrets d'avances et reports de crédits) affectant le montant des autorisations parlementaires, préjudiciable au contrôle parlementaire

Au-delà de l'information immédiate du parlement et du dépôt d'un projet de loi de finances portant ratification des crédits, déposé dès l'ouverture de la plus prochaine session du Parlement, le législateur communautaire n'a retenu aucune autre mesure d'encadrement des modifications réglementaires (décrets d'avances et reports de crédits) affectant le montant des autorisations parlementaires.

6. L'absence de deux dérogations au principe de d'universalité : les prélèvements sur recettes et les dépenses fiscales

Contrairement à la France, le législateur communautaire de l'UEMOA a ignoré deux dérogations supplémentaires au principe de l'universalité en vue d'une meilleure lisibilité des documents budgétaires. Il s'agit des prélèvements sur recettes, qui constituent une rétrocession directe, un concours financier, que l'État verse aux collectivités territoriales en compensation des exonérations, réductions ou plafonnement d'impôts locaux qu'il décide, et des dépenses fiscales[195] (communément appelées « niches fiscales ») qui sont en fait des exonérations ou des

---

[195] Le Mali a réalisé et publié en 2016 une étude intitulée « Evaluation du montant et du processus d'octroi des exonérations fiscales et douanières ».

allégements d'impôts (essentiellement sur l'impôt sur le revenu) accordés par l'État.

7. Un contrôle financier encore pesant, préjudiciable à l'autonomie des gestionnaires[196]

Dans l'optique de la gestion budgétaire axée sur la performance, le « système de contrôle prête désormais une place plus importante à l'efficience et l'efficacité dans l'utilisation des ressources publiques». Le principe directeur des réformes est de fonder le système de contrôle « sur un contrôle a posteriori mieux organisé et renforcé qui permettrait, à terme, de limiter les contrôles a priori au profit des contrôles a posteriori ». Ce qui qui induit, selon les mots de Michael Ruffner[197], le « passage d'un contrôle ex ante à un contrôle ex post. »[198]

Les textes confèrent au contrôleur financier et à ses délégués un important pouvoir de contrôle a priori, un droit de veto positif qui contrarie l'autonomie fonctionnelle de l'ordonnateur/responsable de programme[199]. En effet, « tous les actes des ordonnateurs portant engagement de dépenses » ainsi que « toute ordonnance de paiement » doit revêtir la signature du contrôleur financier ou de son délégué[200].

Le contrôleur financier et ses délégués restent, a priori, seuls maîtres de l'appréciation de la qualité et de

---

[196]Médé (Nicaise), *« Réflexion sur le cadre harmonise des finances publiques dans l'espace UEMOA »*, accessible sur Internet à travers l'URL http://afrilex.u-bordeaux4.fr/reflexion-sur-le-cadre-harmonise.html.

[197]Ruffner (Michael), Sevilla (Joaquin), *« Modernisation du secteur public : moderniser la responsabilité et le contrôle »*, Revue de l'OCDE sur la Gestion Budgétaire, Vol. 4, n°2, 2004, p.142

[198] Ibidem.

[199] Prévue à l'article 13 paragraphe 2, de la Directive n°06/2009/CM/UEMOA relative aux lois de finances.

[200] Article 88 de la Directive n°07/2009/CM/UEMOA portant règlement général de la comptabilité publique.

l'efficacité de la gestion de l'ordonnateur, ce qui, en définitive, fait du pouvoir de gestion autonome conféré à l'ordonnateur/responsable de programme, des faveurs discrétionnaires à la diligence du contrôle financier.

8. Une absence de modulation des contrôles comptables, préjudiciable à l'autonomie des gestionnaires[201]

Le comptable public, en particulier le comptable denier ou valeur, avant de s'exécuter sur une opération d'encaissement ou de décaissement, procède aux contrôles de régularité interne et externe des dossiers transmis par l'ordonnateur[202]. Lorsque la régularité interne et externe n'est pas avérée, notamment en matière de dépense, le comptable refuse son visa pour le paiement[203]. Il peut, cependant, être requis et donc être contraint à s'exécuter contre son gré à la diligence de l'ordonnateur principal[204].

Au total, les choix du cadre harmonisé des finances publiques semblent contrarier l'approche managériale de la gestion des finances publiques, dans la mesure où celle-ci est solidaire de la notion de risque. Le choc des logiques en présence (celle du responsable de programme et sa quête de performance financière, celle du comptable public ancrée sur le respect de la régularité de l'action et celle du contrôleur financier centrée sur la régularité, mais aussi sur les conséquences des mesures sur les finances publiques) est soutenu non par un équilibre des forces en présence,

---

[201]Médé (Nicaise), *« Réflexion sur le cadre harmonise des finances publiques dans l'espace UEMOA »*, accessible sur Internet à travers l'URL http://afrilex.u-bordeaux4.fr/reflexion-sur-le-cadre-harmonise.html.

[202] Article 26 de la Directive n°07/2009/CM/UEMOA portant règlement général de la comptabilité publique.

[203] Article 50 de la Directive n°07/2009/CM/UEMOA portant règlement général de la comptabilité publique.

[204] Ibidem

mais par une suprématie du ministre chargé des finances qui a le dernier mot en cas de contestation entre l'ordonnateur/responsable de programme et le délégué du contrôle financier[205].

9. Un faible encadrement des notions de budgets annexes et de comptes spéciaux, source de fragilisation de l'unité du budget d'État

La réforme a prévu la possibilité de recourir aux budgets annexes et comptes spéciaux dans le but de prévenir les risques de débudgétisation de la dépense. Pour le compte d'affectation spéciale (CAS), le principe de « ressources particulières » a été maintenu. Le seul aménagement apporté a concerné le principe de subvention du budget général de l'État pour compléter les recettes d'un compte spécial[206].

En définitive, le développement de ces fonds sans personnalité juridique vient remettre profondément en cause l'unité du budget de l'État.

10. Des insuffisances de forme et quelques fois de fond à clarifier[207]

Pour finir, les directives du cadre harmonisé des finances publiques ne sont pas exemptes d'insuffisances de forme et quelques fois de fond. Il en est ainsi sur : l'ambiguïté de la formulation (article 31 de la Directive relative au règlement

---

[205] Article 92 de la Directive n°07/2009/CM/UEMOA portant règlement général de la comptabilité publique.

[206] Ce taux passe de 20% à 10%.

[207] Médé (Nicaise), *« Réflexion sur le cadre harmonise des finances publiques dans l'espace UEMOA »*, accessible sur Internet à travers l'URL http://afrilex.u-bordeaux4.fr/reflexion-sur-le-cadre-harmonise.html

général de la comptabilité publique)[208], le déséquilibre des mots (article 29, paragraphe 2 de la Directive relative au règlement général de la comptabilité publique)[209], la disjonction des catégories juridiques (article 3 de la Directive relative au règlement général de la comptabilité publique)[210], la qualité rédactionnelle (article 23 de la Directive relative aux lois de finances)[211], etc.

Les droits nationaux des États pourront purger ces insuffisances dans la dynamique de transposition harmonieuse du patrimoine juridique communautaire.

Paragraphe 2 : Des marges de progrès pour la préparation et l'adoption du budget

Entre 2010 et 2011, l'organisation des revues des budget-programmes a permis de stabiliser le cadre de performance des programmes et l'architecture du budget-programmes, ainsi qu'un cadre de performance standard pour les programmes de pilotage (Programmes d'Administration Générale).

Entre 2013 et 2018, plusieurs référentiels ont été élaborés et mis à la disposition des gestionnaires, notamment (i) le guide méthodologique de programmation budgétaire, (ii) le document de programmation pluriannuelle des dépenses et projet annuel de performance

---

[208] "Ils sont susceptibles de recours " Mais devant qui, recours hiérarchique, recours juridictionnel, et dans ce dernier cas, devant le juge administratif ou le juge des comptes ?

[209] Le "soit" est sans tandem et solitaire.

[210] Cet article ne devrait parler que de ressources et de charges car les ressources de trésorerie et les charges font aussi l'objet d'une habilitation générale donnée par la loi de finances au ministre en charge des finances.

[211] A la formule ampoulée "dès l'ouverture de la plus prochaine session du parlement" on eût préféré "dès l'ouverture de la session suivante du parlement".

(DPPD-PAP), (iii) le rapport annuel de performance (RAP), (v) le contrat annuel de performance (CAP), (vi) le rapport trimestriel de suivi de l'exécution budgétaire, (vii) la charte de gestion et (viii) la lettre de mission.

Dans la Loi de finances 2019, deuxième loi de finances adoptée en mode programmes, figurent 145 programmes, 457 objectifs, 1097 indicateurs et 328 actions.

Malgré ces avancées, le processus de préparation et d'adoption du budget souffre d'insuffisances à cause de la qualité des documents budgétaires (A) et d'un illusoire renforcement du rôle du Parlement (B).

A. Une qualité des documents budgétaires encore perfectible

1. La faible qualité de certains objectifs et indicateurs

La réforme prévoit en effet que chaque programme soit accompagné d'un projet annuel de performances présentant les coûts associés aux actions, les objectifs poursuivis, les résultats obtenus et attendus pour les années à venir.

Le guide d'élaboration du projet annuel de performances donne des orientations pour la constitution des panels d'objectifs et d'indicateurs de résultats. Les objectifs devront décliner les priorités politiques et refléter, de manière équilibrée, toutes les dimensions de l'efficacité des actions de l'État : efficacité socio-économique, qualité de service rendu aux usagers, efficacité de la gestion des moyens.

L'atteinte des objectifs sera appréciée grâce à des indicateurs précis dont le choix devra être justifié. Les indicateurs associés aux objectifs devront être pertinents et avoir un lien logique fort avec ceux-ci. Ils devront se rapporter à un élément substantiel de l'action menée et devront permettre d'apprécier l'amélioration de la situation, tout en mesurant effectivement les performances de l'administration.

Certes, le Mali ne part pas du néant, puisqu'il avait élaboré et mis en place un exercice perfectible de budget-programme depuis 1998 avec des objectifs et des indicateurs. Il est néanmoins clair, comme le reconnaissent les ministères, que la qualité de l'information actuellement transmise au Parlement est très inégale et qu'on est encore loin des éléments de suivi requis par la réforme.

Ainsi, les objectifs associés aux programmes souffrent d'un manque de hiérarchisation de l'information disponible, de manière à distinguer des objectifs stratégiques susceptibles de faire l'objet d'un engagement politique devant le Parlement et des objectifs opérationnels qui relèvent davantage de la gestion interne aux ministères.

Les indicateurs associés aux objectifs présentent aussi un certain nombre de défauts.

En premier lieu, la nature des informations transmises par les indicateurs est très variable d'un ministère à l'autre, voire d'un service à l'autre. Il est aussi très rare de pouvoir disposer de données relatives à l'efficience, les indicateurs utilisés se contentant de mesurer l'activité des services (indicateurs de moyens ou d'activité).

En deuxième lieu, les modalités de choix des objectifs et indicateurs demeurent fortement centralisées et non inclusives car ni le Parlement, ni la Section des comptes de la Cour suprême, ni les responsables des budgets opérationnels et des unités opérationnelles de programmes au niveau déconcentré et décentralisé ne sont impliqués dans le processus de définition des objectifs et des indicateurs.

En troisième lieu, les ministères ne disposent pas de systèmes d'information internes qui répondent aux normes de qualité[212]. Donc, la fiabilité d'un certain nombre d'indicateurs est sujette à caution, en raison des méthodes de collecte et de calcul.

En dernier lieu, il y a un risque d'instabilité des objectifs et des indicateurs qui n'est parfois que la simple conséquence de l'instabilité de la maquette budgétaire et des évolutions de la composition du Gouvernement.

2. La faible cohérence entre certains programmes et les politiques publiques mises en œuvre

Le programme est la nouvelle unité de spécialisation des crédits au sein du budget. Les programmes devront rendre lisibles les politiques de l'État en terme de finalités, d'objectifs et de résultats et permettre d'identifier les moyens associés et les acteurs responsables. Ils rassemblent tous les moyens d'une politique et comprennent notamment les personnels qui l'exécutent.

Le budget et les programmes qui le composent auront désormais une double fonction : autoriser les dépenses et rendre compte de l'efficacité des politiques financées. Le choix de la réforme est de réunir sous une même responsabilité l'emploi des moyens budgétaires et le compte rendu des résultats atteints. C'est parce que les gestionnaires pourront optimiser l'emploi des moyens au sein d'un budget global qu'ils pourront s'engager sur des résultats.

---

212 Pertinence, fiabilité et disponibilité à temps.

Mais certains programmes[213] souffrent d'un manque de cohérence avec les politiques publiques susceptibles de faire l'objet d'un engagement politique devant le Parlement.

Également, les modalités de choix de programmes demeurent fortement centralisées et non inclusives car ni le Parlement, ni les responsables des budgets opérationnels et des unités opérationnelles de programmes au niveau déconcentré et décentralisé ne sont impliqués dans le processus de définition des programmes. Or l'organisation de la gestion interne des politiques publiques, en cohérence avec celle des programmes, nécessite la déclinaison du pilotage stratégique au niveau des services déconcentrés, l'identification d'un budget, d'objectifs et indicateurs de performance et l'attribution de la responsabilité de gestion à chaque acteur.

Pour le nouveau Programme Décennal de Développement de l'Éducation (PRODEC2) adopté en juin 2019 par le Gouvernement du Mali, l'actualisation des documents budgétaires a été faite au niveau du ministère de l'éducation nationale et celui de l'emploi et de la formation professionnelle, mais pas forcément au ministère de l'enseignement supérieur et de la recherche scientifique. Cette situation, du reste, n'est pas spécifique au secteur de l'éducation et de la formation professionnelle.

Enfin, il existe des « méga-programmes[214] », que le Parlement ne serait pas en mesure de contrôler

---

[213]Les Objectifs 1 et 2 du programme 3 du MEFP s'apparentent plus aux stratégies du document de politique nationale de la formation professionnelle qu'aux objectifs (page 14 du document de politique). Le programme 2 du MEN « Education de Base » couvre à la fois plusieurs politiques publiques (le préscolaire et le spécial, le fondamental 1 et 2, le non formel, la formation initiale et continue des enseignants, l'alimentation scolaire…).

[214] A titre d'exemple : Programme 2.041 « Développement de l'Education de Base » du Ministère de l'Education Nationale.

efficacement, des « micro-programmes[215] », qui ne permettraient pas de donner toute son ampleur à la réforme de la gestion publique dans le sens d'une plus grande liberté. De même, les ministères ou institutions constitués en mono-programmes[216] opérationnels ont pour effet de restreindre fortement l'application du droit d'amendement de la deuxième partie des lois de finances, dont la réforme a souhaité l'élargissement : les parlementaires ne pourraient, dans le cas d'un ministère mono-programme, que proposer des réductions de crédits ou la scission du programme unique dont il est composé.

3. La qualité des prévisions à l'épreuve des rétentions et coupes budgétaires

La crédibilité du budget-programme repose sur une bonne qualité de prévision des informations financières. Si les dépenses ne sont pas réalistes et les recettes surévaluées, il en résulte par la suite des gels et/ou des coupes budgétaires.

Au Mali, le montant des coupes budgétaires peut atteindre des niveaux très élevés[217], conduisant à exécuter des budgets très différents de ceux votés, avec pour conséquence une fragilisation du volet « performance » de la gestion en mode programme.

---

[215] A titre d'exemple : Programme 2.086 « Promotion et Développement de la Micro-Finance » du Ministère du Développement Industriel et de la Promotion des Investissements.

[216] A titre d'exemple : Programme 2.096 « Régulation de la Communication » de la Haute Autorité de la Communication.

[217]En plus de la réserve de précaution annuelle de 5%, des ouvertures semestrielles et à la demande, au MEFP, 4,40% des crédits n'ont pas été notifiés d'où une rétention annuelle globale de 9.40%. Au MEN, ce taux de rétention additionnelle a été de 4,10% d'où une rétention annuelle globale de 9,10% (Source : RAP MEFP 2018et RAP MEN 2018).

4. L'importance significative des aides-projets dans le financement des dépenses d'investissement

Le financement des dépenses d'investissement reste tributaire de l'aide publique au développement. L'instrument majoritairement utilisé par les partenaires techniques et financiers est l'aide-projet[218] non inscrite au budget d'État. L'aide-projet inscrite au budget d'État représentait 23 % en 2015, avec une tendance à la hausse. L'appui budgétaire sectoriel représentait 1 % et devait subir une baisse. Quant à l'appui budgétaire général, il a atteint 20 % avec une tendance à la hausse.

Dans le cadre du PRODEC2[219], les financements en cours ou programmés des partenaires techniques et financiers (PTF) et des organisations non gouvernementales (ONG) pour la période 2019-2022 se chiffrent à 137,660 milliards de FCFA (soit environ 209,860 millions d'euros[220]). Ils représentent près de 50,4 % des dépenses en capital (investissements) de la première phase de mise en œuvre du PRODEC 2 et passeront exclusivement selon la modalité de l'aide-projet[221].

Avec plus de 50 % de l'aide publique au développement gérés suivant l'aide-projet, il devient difficile d'évaluer les politiques publiques du Gouvernement tant les financements et les informations sont éparpillées[222].

218Financements extérieurs gérés suivant les règles du partenaire technique et financier en dehors des procédures nationales.

219 Programme du Gouvernement mis en œuvre par les ministères en charge de l'éducation nationale, de l'enseignement supérieur et de la recherche scientifique et de l'emploi et de la formation professionnelle.

220 1 euro = 655,957 FCFA.

221 Document du PRODEC 2 (2019-2028), avril 2019, p.99-100.

222 Au titre d'exemple au niveau du MEFP, le PROCEJ financé par la Banque mondiale et le projet FIER financé par le FIDA, sous forme d'aide projet, représentent 83 ,41 % des financements du programme 2 du ministère de

5. L'absence d'une application informatique centralisée de gestion de la masse salariale des contractuels et fonctionnaires des collectivités territoriales[223]

Pour les fonctionnaires de l'État, la gestion des dépenses de personnel (prévision et exécution en cours d'exercice) est assurée par le bureau central de la solde (BCS) placé sous l'autorité du directeur général du budget.

Pour les fonctionnaires des collectivités territoriales[224], en particulier les enseignants, cette mission est prise en charge par les directions régionales du budget (DRB). Mais les outils des différentes DRB ne sont pas interfacés, ce qui conduit fréquemment à des retards dans les prises en charge ou à des doubles paiements lors de changement d'affectation.

Face aux différentes difficultés de gestion des ressources humaines, le ministère de l'éducation nationale a engagé la préparation d'un logiciel de gestion des ressources humaines en deux phases. La première a pour objectif d'assurer au ministère de l'éducation nationale un bon niveau de maîtrise des effectifs et des carrières et la deuxième, à la demande de la direction générale du budget, permettra de construire un module de paye.

Ensuite, la DRH va procéder à la collecte exhaustive des données qui seront déversées dans l'outil.

---

l'emploi et de la formation professionnelle en 2019 (Source : DPPD-PAP MEFP 2018-2020).

[223] Rapport de mission PAQAMA, financement AFD, mission du 04 au 15 mars 2019, p.57-60

[224] La Fonction Publique des Collectivités Territoriales compte actuellement environ 58 000 agents pour le cadre de l'administration générale ; de l'éducation ; de la santé et du développement social.

6. Des plafonds d'emplois par programme en décalage avec les réalités du terrain

Chaque année, conformément à la réforme, le Parlement fixe, par ministère, le plafond d'emplois des effectifs de l'État. Mais les DRH estiment qu'elles ne disposent pas de moyens suffisants pour produire des données fiables à travers des contrôles physiques périodiques.

7. La faible justification « au premier franc »

La réforme impose à chaque ministre de justifier devant la représentation nationale de l'utilisation des crédits de ses programmes. La justification des crédits se fera au « premier franc », donc directement reliée à la présentation des actions avec une analyse de coût unitaire, mettant en regard l'activité et les moyens affectés.

Comme grandes lacunes à ce dispositif, il faut noter que la justification au premier franc manque souvent de précision par rapport au type de déterminants utilisés et d'objectivité tant dans la décomposition des crédits justifiés que de leurs déterminants. Il arrive aussi que les échéanciers de crédits de paiement associés aux autorisations d'engagement soient très insuffisants. En général, ces échéanciers ne tiennent pas compte du cycle de mise en œuvre des activités.

8. La faible prise en compte des préoccupations des services déconcentrés et des collectivités territoriales dans le processus budgétaire

La réforme de l'État a déjà conduit, au cours de la décennie 1990, à la décentralisation administrative[225]. Les

---

[225]Mback (Charles Nach), *Démocratisation et décentralisation*, Paris, Karthala-PDM 2003, p.31; Médé (Nicaise), *"L'autonomie « retenue » : Étude sur le principe de libre administration des collectivités territoriales en Afrique de*

collectivités territoriales ont en charge les questions de développement et d'investissements publics locaux et l'essentiel des financements et de la gestion des fonds publics sera concentré entre les mains des élus locaux et leurs administrations de proximité. Or, la Directive portant régime financier des collectivités territoriales au sein de l'UEMOA ne reprend pas à son compte les concepts de programme budgétaire, d'évaluation de performance, de projet de performance, de rapport de performance, etc. Cette situation engendre une absence de vision des dépenses locales par politiques publiques et faute de dialogue de gestion opérationnel[226], les responsables des BOP et des UOP aux niveaux déconcentré et décentralisé ne se sentent pas concernés par la réforme.

9. Un système d'information fragmenté ne couvrant pas tous les aspects[227]

La réforme du système d'information a été une avancée majeure de la réforme. Grâce à la mise en place du système intégré de gestion des dépenses publiques (SIGD PRED6), la qualité de préparation, de l'exécution et des informations financières de l'État s'est nettement améliorée.

Le ministère de l'économie et des finances s'est doté en 2015 d'un schéma directeur informatique du MEF (SDI).

---

l'ouest francophone", Revue Juridique et Politique des Etats Francophones n°2 avril/juin 2008 ; Cahiers Africains d'Administration Publique, n°73/2009, p.1.

226 Les pratiques actuelles se limitent à une simple transmission des documents budgétaires à travers des mails aux structures régionales sans orientations claires et caractérisé par un suivi inefficace. Donc, les budgets préparés et présentés par les responsables de programmes ne respectent pas la démarché ascendante d'expressions de besoins et n'intègrent pas les préoccupations des services déconcentrés et des collectivités territoriales.

227 A titre d'exemple : La non interconnexion des ressources propres EPA et des Collectivités Territoriales au SIGD.6. En effet, le contrôle financier n'a pas l'information en temps réel des dossiers visés par l'ordonnateur.

Mais, ce système est d'application ministérielle et souffre d'un défaut de vision globale dans le sens du développement d'un système d'information de l'État. Il en résulte au niveau des finances publiques une fragmentation des applications métiers[228] faiblement interconnectées et une multiplication des applications ministérielles[229]. Chaque ministère développe ses propres applications sans se soucier de son interopérabilité avec les autres applications ministérielles.

B. Un illusoire renforcement des pouvoirs du parlement

1. Les Débats d'Orientation Budgétaire, un exercice restreint et en décalage avec le cycle budgétaire

L'engagement public du Gouvernement devant le Parlement et devant les citoyens, est partout un principe de base du nouveau mode de gestion publique. Ainsi, la réforme souhaite que « le *Parlement retrouve pleinement sa*

---

[228] SIGD : Système Intégré de Gestion des Dépenses Publiques pour la Direction Générale du Budget et la Direction Nationale du Contrôle Financier – SIGMAP : Système Intégré de Gestion des Marchés Publics pour la Direction Générale des Marchés Publics et des Délégations de Service Public- SIGIP : Système Intégré de Gestion des Investissements Publics pour la Direction Générale de la Planification du Développement – AICE : Application Intégrée de la Comptabilité de l'Etat pour la Direction Nationale du Trésor et de la Comptabilité Publique – COLLOC : Logiciel de gestion de la comptabilité des collectivités territoriales pour la Direction Nationale du Trésor et de la Comptabilité Publique - SICOMAT : Système d'Information en Comptabilité-Matières pour la Direction Générale de l'Administration des Biens de l'Etat - SIGTAS : Système Intégré de Gestion des Taxes et Assimilées pour la Direction Générale des Impôts – CUH – CRH : logiciel de gestion des Concessions Urbaines d'Habitation et des Concessions Rurales d'Habitation pour la Direction Nationale des Domaines et du Cadastre – SYDONIA World : Système d'information et des procédures douanières.

[229] Systèmes de gestion des ressources humaines, systèmes de gestion des données statistiques, de gestion du patrimoine ....

capacité à discuter les politiques publiques et l'orientation stratégique à donner à l'action de l'État ». D'où, l'institution d'un débat d'orientation budgétaire (DOB)[230].

Ainsi, le document de programmation budgétaire et économique pluriannuel (DPBEP) 2019-2021 a fait l'objet de discussion au cours de la conférence de lancement des travaux de préparation du budget d'Etat 2019, avant d'être examiné et adopté par le Gouvernement en Conseil des ministres. Il a par la suite servi de support lors du débat d'orientation budgétaire tenu en 2018.

On peut distinguer trois grandes lacunes à ce dispositif :

- la tenue tardive du DOB par rapport au calendrier budgétaire ;
- son caractère restreint avec la participation des seuls députés membres de la commission des Finances, de certains représentants des autres Commissions, de quelques assistants parlementaires et conseillers techniques du Président de l'Institution ;
- et son caractère non contraignant puisque les résolutions formulées par l'Assemblée nationale n'engagent nullement le gouvernement.

En conséquence, le DOB peine à s'imposer comme un moment fort du cycle budgétaire.

2. La prédominance des anciennes pratiques, consacrant l'absence notoire des autres ministres, ordonnateurs principaux lors des séances d'adoption du budget

En dehors des écoutes parlementaires au sein des commissions permanentes de travail sur la base de questionnaires, les autres ministres, ordonnateurs

---

[230]http://www.senat.fr/rap/r03-392/r03-392_mono.html, consulté le 08 octobre 2019.

principaux, ne sont pas présents lors des séances d'adoption du budget d'Etat. Ainsi, la présentation du projet de loi de finances[231] au Parlement s'est effectuée en 2018 par le seul ministre de l'économie et des finances, comme à l'époque où ce dernier officiait en qualité d'ordonnateur principal du budget d'Etat, là où il aurait fallu une présence de l'ensemble des ministres pour justifier leur cadre de performance.

3. L' « agencification[232] » (opérateurs d'État) de certaines politiques publiques[233], source de débudgétisation

Au Mali, le recours à des opérateurs ou des agences a été favorisé pour mettre en œuvre des politiques publiques conduites par l'État. Organismes distincts de l'État, ils sont placés sous son contrôle direct et assurent une activité de service public mettant en œuvre une politique d'État. Par conséquent, les politiques publiques peuvent être financées[234] par des ressources mobilisées par des opérateurs, financés en partie ou en totalité par l'Etat, par le biais essentiellement de subventions pour charges de service public ou de taxes affectées.

---

[231] Cas de l'adoption du projet de loi de finances 2018.

[232]En administration publique, une agence est une entité qui bénéficie d'une certaine autonomie, sans être formellement indépendante vis-à-vis d'un des organismes centraux du gouvernement (un ministère), et qui prend en charge des services d'intérêt public pour le compte de ce dernier.

[233]Rigaud (Benoît), *« Agence »*, dans L. Côté et J.-F. Savard (dir.), Le Dictionnaire encyclopédique de l'administration publique, Canada, 2012, [en ligne], www.dictionnaire.enap.ca.

[234]A titre d'exemple : Le FAFPA financé par des taxes parafiscales représentait 78,84% du financement du programme 3 du ministère de l'emploi et de la formation professionnelle en 2018. De même, l'ANPE et l'APEJ financées aussi par des taxes parafiscales représentent 39,26% du financement du programme 2 du ministère de l'emploi et de la formation professionnelle en 2018 (Source : DPPD-PAP MEFP 2018-2020).

Plusieurs entités dotées de la personnalité juridique (établissements publics, groupements d'intérêt publics, associations etc.) exercent une mission de service public et sont à ce titre qualifiées d'opérateurs.

Ce phénomène d'«agencification » participe à la fragmentation de nos finances publiques, réduit le champ du contrôle de la représentation nationale sur la dépense publique qui suit une tendance inflationniste, du fait notamment des dépenses de fonctionnement associées. En 2019, le financement cumulé des opérateurs se chiffre à 439,827 milliards de CFA dont 279,875 milliards de subventions d'État[235]. Ce financement représente 23,19% du budget général.

4. L'évolution significative des budgets annexes et comptes spéciaux, contrairement à l'esprit de la réforme

Le principe de l'unité budgétaire est menacé par la tendance à favoriser les débudgétisations, afin de soustraire certaines dépenses au contrôle du Parlement et pour des raisons de facilité de gestion. La réforme a maintenu la possibilité de recourir aux budgets annexes et comptes spéciaux pour prévenir ces risques.

Ainsi, le nombre de budgets annexes est passé de 6 avec un montant de 5,414 milliards de FCFA en 2016 à 7 avec un montant de 7,858 milliards en 2019 et les comptes spéciaux du Trésor de 9 avec un montant de 78,271 milliards de FCFA à 11 avec un montant de 118,729 milliards de FCFA. En 2019, le cumul des budgets annexes et comptes spéciaux du Trésor représente du 10,38% budget général. L'évolution de

[235] Annexe F de la Loi de Finances 2019.

ces mécanismes n'a pas permis de limiter réellement le phénomène de débudgétisation des dépenses.

5. L'évolution significative des imprévus budgétaires contraire à l'esprit de la réforme

Le montant affecté aux crédits globaux a régulièrement augmenté passant de 104,91 milliards de FCFA en 2008 à 313,91 milliards de FCFA en 2013, soit une progression de près de 200 %. Aussi, de janvier 2008 à décembre 2013, les crédits engagés sur les charges communes ont totalisé 1 669,74 milliards de FCFA contre 1 624,01 milliards de FCFA votés, sur lesquels la direction générale du budget a exécuté 1 076,26 milliards de FCFA[236]. Malgré, des efforts d'inscription directive de certaines activités récurrentes au sein des programmes dédiés, le montant des charges communes en 2019 se chiffre à 395,51 milliards de FCFA et représente 17,31% du budget général de l'Etat.

Les charges communes contiennent toujours certaines dépenses récurrentes qui peuvent être inscrites directement à l'intérieur des programmes concernés.

6. Un droit d'amendement limité, impactant l'apport du Parlement

Le Mali a également hérité du « parlementarisme rationnalisé[237] » en matière budgétaire. En effet, la préparation du projet de loi est une compétence exclusive du gouvernement. L'article 55 de la loi n°2013-028 du 11 juillet 2013 modifiée relative aux lois de finances est

[236] Rapport annuel 2016 du vérificateur Général, p.27

[237] En France, la Constitution du 04 octobre 1958, fruit de la pensée conjointe du général de Gaulle et de Michel Debré, encadre très strictement les pouvoirs du parlement : réduction du domaine de la loi, limitation de responsabilité gouvernementale, réhabilitation de la dissolution, encadrement de la procédure législative, etc.

d'ailleurs des plus explicites quant à ce « monopole » gouvernemental : « Le ministre chargé des finances prépare les projets de lois de finances qui sont adoptés en Conseil des ministres ».

Pour l'adoption du projet de loi de finances, le Parlement dispose d'un pouvoir d'amendement bien limité.

Les premiers encadrements viennent de la Constitution du Mali du 25 février 1992 qui permet au gouvernement, en vertu de l'article 78[238], d'engager sa responsabilité devant l'Assemblée nationale sur le vote d'un texte.

Le deuxième encadrement tire sa source du chapitre 2 de la loi n°2013-028 du 11 juillet 2013 modifiée relative aux lois de finances qui maintient le principe des douzièmes provisoires en cas de non adoption du projet de loi de finances avant le début de l'année financière. En outre, la discussion de la première partie a lieu article par article avec, pour chaque article, la discussion sur les amendements. Le dernier article de la première partie fixe les conditions générales de l'équilibre financier. En ce qui concerne la

---

[238] Article 78 de la Constitution « Le Premier Ministre, après délibération du Conseil des Ministres engage devant l'Assemblée la responsabilité du Gouvernement sur son programme ou éventuellement sur une déclaration de politique générale. L'Assemblée Nationale met en cause la responsabilité du Gouvernement par le vote d'une motion de censure. Une telle motion n'est recevable que si elle est signée par un dixième au moins des membres de l'Assemblée Nationale. Le vote ne peut avoir lieu que quarante-huit heures après son dépôt. Seuls sont recensés les votes favorables à la motion de censure qui ne peut être adoptée qu'à la majorité des deux tiers des membres composant l'Assemblée. Si la motion de censure est rejetée, les signataires ne peuvent en proposer une nouvelle au cours de la même session. Le Premier Ministre peut, après délibération du Conseil des Ministres, engager la responsabilité du Gouvernement devant l'Assemblée Nationale sur le vote d'un texte. Dans ce cas, ce texte est considéré comme adopté, sauf si une motion de censure, déposée dans les vingt-quatre heures qui suivent, est votée. »

seconde partie, il a été maintenu la globalisation des votes.[239]

Par conséquent, aucun article additionnel, aucun amendement à un projet de loi de finances ne peut être proposé par le Parlement, sauf s'il tend à supprimer ou à réduire effectivement une dépense, à créer ou à accroître une recette. De même, le Parlement ne peut proposer ni la création ni la suppression d'un programme, d'un budget annexe ou d'un compte spécial du Trésor.

Tout article additionnel et tout amendement doit être motivé et accompagné des développements des moyens qui le justifient. La disjonction d'articles additionnels ou d'amendements qui contreviennent aux dispositions du présent article ou à l'objet des lois de finances défini à l'article 3 de la même loi est de droit.

Enfin, le troisième encadrement, qui tire sa source du règlement intérieur[240] de l'Assemblée nationale, pèse souvent sur les propositions d'amendements des députés.

---

[239] Article 61 de la Loi n°2013 -028 du 11 juillet 2013, modifiée relative aux lois de finances « Les évaluations de recettes font l'objet d'un vote d'ensemble pour le budget général.
Les crédits du budget général font l'objet d'un vote par programme et d'un vote par dotation. Les votes portent à la fois sur les autorisations d'engagement et les crédits de paiement.
Les plafonds des autorisations d'emplois rémunérés par l'État font l'objet d'un vote unique.
Les évaluations de recettes font l'objet d'un vote d'ensemble par budget annexe et par compte spécial du Trésor.
Les crédits des budgets annexes et des comptes spéciaux font l'objet d'un vote par budget annexe et par compte spécial du Trésor.
Les évaluations de ressources et de charges de trésorerie font l'objet d'un vote unique ».

[240] Règlement intérieur délibéré et adopté par l'Assemblée nationale en sa séance du jeudi 15 octobre 2015.

7. Un faible degré d'implication des autres commissions, préjudiciable au travail parlementaire

Sans préjudice des pouvoirs généraux de contrôle du Parlement, la réforme renforce les pouvoirs de la commission des finances[241] qui reste la seule à pouvoir se prononcer sur le cadrage global du budget (recettes, dépenses, équilibre), l'expertise sectorielle des autres commissions restant faiblement exploitée.

En effet, ces commissions ne reçoivent pas aujourd'hui communication des situations trimestrielles d'exécution de la loi de finances, ni des différents actes réglementaires portant modification de la loi de finances initiale (gel de crédits, reports, transferts, virements, décrets d'avances...), ni des rapports et avis spécifiques de la Section des comptes de la Cour suprême.

8. Une volumétrie des documents budgétaires, source d'inefficience

Les exigences d'amélioration de la qualité des informations à transmettre au Parlement pour l'adoption des lois de finances ont fait prendre aux documents budgétaires un volume important. Ainsi, le projet de loi de finances 2019 avec ses annexes fait 832 pages[242].

Cette profusion d'information a eu comme effet pervers d'en complexifier l'exploitation, dans des délais très contraignants d'examen et avec des ressources humaines techniques de la commission finances insuffisantes[243].

---

[241] Article 73 de la Loi n°2013 -028 du 11 juillet 2013, modifiée, relative aux lois de finances.

[242] Les projets de loi de finances 2015 et 2016 (en dehors des annexes) faisaient respectivement 82 pages et 90 pages.

[243] Depuis 2010 l'Assemblée nationale du Mali dispose d'une structure d'appui dénommée : Unité d'analyse et d'évaluation du budget de l'État du Mali à l'Assemblée nationale (UNACEM-AN). Cette structure a vocation à servir la

9. La loi de règlement, un rendez-vous encore perfectible

Le contexte de vote de la loi de règlement au Mali est comparable à celui du contexte français tel que décrit par Philippe Saunier : « le vote de la loi de règlement reste une simple formalité que l'on expédie nuitamment [...] »[244].

Avec la soumission de la première loi de règlement en mode programme, le Gouvernement a certes un rôle à jouer dans la revalorisation de la loi de règlement. Mais les parlementaires doivent eux aussi comprendre que l'examen de l'exécution de la loi de finances n'est pas un exercice formel, mais une forme primordiale de contrôle.

Section 2 : Les réformes en matière d'exécution, de comptabilité et de contrôle à l'épreuve de la réalité

Les réformes en matière d'exécution, de comptabilité et de contrôle budgétaire restent confrontées à certaines réalités liées à l'affirmation des nouveaux rôles (paragraphe 1) et aux insuffisances de la comptabilité patrimoniale et du dispositif de contrôle (paragraphe 2).

Commission des Finances en priorité, et les autres Commissions comme celle de l'Éducation et de la culture accessoirement. Elle est compétente pour traiter toutes les questions de politique publique ou de culture générale, relatives aux projets de lois soumis à la représentation nationale, en dehors des questions budgétaires. Elle est dirigée par un coordinateur, assisté d'un adjoint choisi à titre d'assistant le plus expérimenté. Le coordinateur est un ancien conseiller de la Section des comptes, qui a fait également carrière en qualité d'inspecteur des Finances.

Son adjoint est un enseignant chercheur docteur de son État, spécialiste des Finances publiques, et assistant à la Commission en charge des Finances.

En outre, elle est animée par trois experts : dont une spécialiste en fiscalité (inspectrice des finances de carrière), une jeune docteur en économétrie et un détenteur de master en décentralisation). Ces experts sont assistés de cinq assistants. Un personnel d'appui est mis à la disposition de la structure.

[244]Saunier (Philippe), *Politique de la comptabilité publique*, Paris, L'Harmattan, 2013, p.188.

Paragraphe 1 : Des gestionnaires qui tardent à s'affirmer

Les ministères devront adapter les circuits de décision pour que les responsables de programme puissent progressivement assumer leurs nouvelles fonctions, mais également repenser leur mode de gestion interne, tant au niveau central que dans les services déconcentrés. Il s'agit de diffuser la culture de responsabilité et de performance pour que les gestionnaires deviennent des « managers » publics. L'affirmation des gestionnaires reste confrontée à la résistance aux changements (A) et la faible appropriation des outils de pilotage, de suivi et d'évaluation (B).

A. L'autonomie des gestionnaires à l'épreuve d'une culture administrative, source de résistance aux changements

1. Une préparation budgétaire encore orientée sur les moyens

Actuellement, les modalités d'organisation de la préparation et des discussions budgétaires sont trop fragmentées entre plusieurs acteurs. Les responsables de programmes n'ont toujours pas une emprise totale sur l'ensemble du périmètre de leur budget (crédits centraux et crédits décentralisés et déconcentrés). Malgré les prérogatives dévolues aux responsables de programmes en matière de planification, les directions régionales de budget continuent à préparer de façon interministérielle les budgets des différents programmes pour les niveaux régional et subrégional.

Également, la phase de préparation est presque entièrement centrée sur les allocations de l'année suivante, et pas assez sur l'appréciation des résultats de l'année passée. Les conférences budgétaires se tiennent bien avant la validation des RAP.

Enfin, les négociations budgétaires doivent se réaliser sur un volume global de crédits et non plus, comme auparavant, dépense par dépense. Mais elles se heurtent à une faible maîtrise des politiques publiques par les agents de la direction générale du budget et une faible qualité des informations apportées par les gestionnaires.

2. Un dialogue de gestion fortement centralisé, laissant à la marge les niveaux déconcentré et décentralisé

La réforme conduit à responsabiliser les gestionnaires aux niveaux central et déconcentré. La chaîne de responsabilité s'étend donc du responsable de programme aux responsables de budgets opérationnels de programme et d'unités opérationnelles. De la délégation des responsabilités naît alors le dialogue de gestion à travers lequel les responsables s'entendent à chaque niveau sur la déclinaison des objectifs, des moyens et des modes de pilotage.

Au Mali, le dialogue de gestion est régi par le décret n° 2017-0697/P-RM du 14 août 2017 portant organisation de la gestion budgétaire en mode budget-programmes. Malheureusement, ce dispositif[245] souffre de certaines insuffisances, notamment :

En premier lieu, une difficile distinction entre les sphères politique et administrative : l'émergence de la fonction « responsable de programmes » pose la question des

[245] La densité des échanges reste variable d'un ministère à un autre, allant du simple échange de courriels entre responsables, à l'organisation de rencontres semestrielles ou annuelles, voire à la tenue de très nombreuses réunions dans certains ministères.

relations entre les acteurs administratifs et les acteurs politiques (le ministre et son cabinet, le Parlement), avec des discordances entre structure administrative et périmètre du programme[246].

Deuxièmement, à l'absence de cartographie « déclinaison » des programmes en « budgets opérationnels de programme », eux-mêmes subdivisés en « unités opérationnelles » s'ajoute la non désignation formelle des responsables des budgets opérationnels et des unités opérationnelles de programmes.

Troisièmement, le nombre excessif de structures de gestion au niveau local entraine un émiettement des enveloppes de crédit, laissant de faibles capacités d'initiative aux gestionnaires. Ainsi, de nombreux directeurs régionaux ne voient aucune utilité à gérer un BOP de faibles moyens, au regard des exigences de la préparation d'un BOP et du compte-rendu sur son exécution.

Quatrièmement, les contraintes géographiques et l'insuffisance de moyens constituent des entraves pour un véritable dialogue de gestion élargi à l'ensemble des programmes mis en œuvre localement.

Cinquièmement, les contraintes du cycle budgétaire et les insuffisances de coordination imposent aux RPROG la tendance à « oublier » les dialogues locaux. Ainsi, le dialogue entre RPROG et RBOP aux niveaux central et régional semble primer sur celui qui est mené localement par ces derniers avec les responsables d'unités opérationnelles.

Sixièmement, la faiblesse des crédits laisse très peu de marges budgétaires aux RPROG dans la répartition entre BOP et peu d'espaces de dialogue entre responsables de

---

[246] Cas des Directeurs des Finances et du Matériel avec les Secrétaires Généraux.

programmes et de budgets opérationnels. Ce « monologue de gestion » ne permet pas donc de prendre en compte les spécificités locales.

Septièmement, la non prise en compte des modalités de reports des marges budgétaires dans le dialogue de gestion entre responsable de programme et responsables de BOP est contraire à la flexibilité offerte par la réforme.

3. Un contrôle sélectif en décalage avec l'esprit de la réforme

La transposition des directives du cadre harmonisé des Finances publiques, l'application des principes de la gestion axée sur les résultats (GAR) et de la stratégie nationale du contrôle interne (SNCI) adoptée par le gouvernement en août 2011 ont engendré un profond changement dans les missions du contrôle financier.

L'arrêté n°2016-3224/MEF-SG du 6 septembre 2016 fixe les modalités d'application du contrôle a priori sélectif des dépenses en termes de nature et de montant des engagements et des ordonnancements de dépenses pour lesquels le visa est assuré par l'Ordonnateur.

Par instruction ministérielle n°001/MEF-SG –DNCF du 25 janvier 2017, le contrôle a priori sélectif a commencé le 1er février 2017 et son contenu a été explicité par deux lettres circulaires de la Direction nationale du Contrôle financier.

Ce dispositif souffre de certaines insuffisances. D'abord tous les acteurs concernés par la réforme n'ont pas été consultés et l'arrêté signé n'est pas conforme à l'esprit de la réforme[247] car il impose à tous les programmes les mêmes

[247] Article 96 « Par exception aux dispositions de l'article 93 du présent décret et conformément aux dispositions de la loi relative aux lois de finances, le contrôleur financier adapte dans les conditions définies par la réglementation en vigueur les modalités de mise en œuvre de ses contrôles au regard de la qualité et de l'efficacité du contrôle interne ainsi que du contrôle de gestion

modalités de contrôle modulable sans tenir compte des réalités propres à chacun (cartographies des risques élaborées par le CGSP).

Ensuite, les natures de dépenses ciblées et les seuils fixés confirment l'esprit de méfiance et de défiance entre l'administration du ministère chargé des finances et les gestionnaires publics.

L'arrêté n°2019-3050/MEF-SG du 18 septembre 2019 qui abroge l'arrêté n°2016-3224/MEF-SG du 06/09/2016 fixant les modalités d'application du contrôle a priori sélectif des dépenses a mis fin le 1er octobre 2019 au contrôle modulable, constituant ainsi un véritable recul par rapport à la réforme.

4. Un contrôle de légalité redondant des marchés publics[248], source d'inefficacité

La transposition des directives de l'UEMOA dans le droit malien a été effectuée à partir de 2008 à travers différents textes relatifs aux procédures de passation, d'exécution et de règlement des marchés publics et des délégations de service public, à l'Autorité de régulation des marchés publics et des délégations de service public (ARMDS), à la création de la direction générale des marchés publics et des délégations de service public (DGMP-DSP) et au code des marchés publics.

---

mis en œuvre par l'ordonnateur » du Décret n°2018-009/P-RM du 10 janvier 2018 portant Règlement Général de la Comptabilité Publique.

[248] La fonction « commande publique » au Mali est organisée autour de la séparation des différentes fonctions des différents acteurs à savoir : les autorités contractantes, l'organe de contrôle a priori (la DGMP-DSP), l'organe de régulation (ARMDS), les organes de contrôle a posteriori (Bureau du Vérificateur général, Contrôle général des services publics et Inspections ministérielles, entre autres), les candidats aux marchés publics.

Malgré ces textes de réformes, le processus de passations des marchés publics souffre de certaines insuffisances qui entravent l'autonomie des gestionnaires.

D'abord, une juxtaposition de contrôles a priori, source de redondances : en effet, les contrôles a priori des marchés publics exercés par les délégués du contrôle financier et les cellules de passation des marchés engendrent régulièrement des conflits de compétences et des dépenses jugées irrégulières par les organes de contrôle externe avaient pourtant obtenu leurs visas préalables.

Ensuite, la faiblesse des contrôles applicatifs dans le SIGMAP[249] en lien avec le SIGD[250] : en effet, toutes les potentialités des technologies de l'information et de la communication (TIC) ne sont pas utilisées pour renforcer les contrôles applicatifs dans le souci d'une plus grande efficacité dans le circuit de passation des marchés publics.

Enfin, la redondance[251] du contrôle d'effectivité de la dépense, qui consiste pour le contrôleur financier à assister à toutes les réceptions de commande publique atteignant un seuil fixé[252] par décret et à produire sur chacune d'elles un rapport qui ne figure même pas parmi les pièces justificatives de la dépense publique[253].

---

[249] Système Intégré de Gestion des Marchés Publics.

[250] Système Intégré de Gestion des Dépenses.

[251] En plus de la Direction Générale de l'Administration des Biens de l'État pour tout achat supérieur à 2.000.000 FCFA (3.048, 98 euros), de la Direction Générale des Marchés Publics pour tout achat soumis à la revue à priori (DRPR, DRPO, AON, CR et EN).

[252] L'article 48 du décret n° 2019-00119/P-RM du 22 février 2019 portant réglementation de la comptabilité-matières fixe le seuil à 10 millions de FCFA (15 244,9 euros).

[253] Arrêté n°04-1866/MEF-SG du 24 septembre 2004 fixant la nomenclature des pièces justificatives des dépenses de l'Etat 94

5. Une forte centralisation du pilotage des dépenses de personnel et de la gestion des ressources humaines

La gestion des ressources humaines demeure extrêmement centralisée. Pour les recrutements dans le statut général, chaque année le ministre de l'économie et des finances[254] met à disposition une enveloppe. Par ailleurs, la fongibilité asymétrique semble peu adaptée aux réalités maliennes compte tenu de la forte centralisation du pouvoir de recrutement et de mise en place du régime indemnitaire.

Cette situation laisse très peu de marge de manœuvre aux gestionnaires.

6. Des tensions de trésorerie préjudiciables à la bonne mise en œuvre des activités

L'autonomie des gestionnaires est également réduite par les aléas de l'ouverture et l'engagement des dépenses durant l'exercice budgétaire. Le décalage entre les rentrées fiscales et les dépenses oblige l'État à réguler les engagements en fonction des disponibilités du trésor en octroyant ou freinant les ouvertures de crédits. Ainsi, les activités peinent à être exécutées dans les délais faute de trésorerie malgré la mise en place progressive du principe de

---

[254] A titre d'exemple : Arrêté interministériel n° 2019-3035/MDSTFP-MEF –SG du 18 septembre 2019 déterminant les emplois à pourvoir par voie de concours dans les différents corps de l'École nationale d'Administration (Exercice budgétaire 2019), Arrêté interministériel n° 2019-3036/MDSTFP-MEF –SG du 18 septembre 2019 et Arrêté interministériel n° 2019-3037/MDSTFP-MEF –SG du 18 septembre 2019 pour les autres corps. De même que l'Arrêté interministériel n° 2019-3154/MDSTFP-MEF –SG du 24 septembre 2019 déterminant les emplois à pourvoir par voie de concours professionnel d'avancement de catégorie dans la Fonction publique d'Etat (Exercice budgétaire 2019).

« compte unique du trésor[255] », des plans d'engagement, de passation des marchés et de trésorerie.

7. Des obstacles à la délégation de pouvoir, non complétés et source d'incohérence

La réforme a innové les modalités spécifiques de délégation du pouvoir d'ordonnateur en introduisant la préalable vérification des compétences techniques, des aptitudes professionnelles et des garanties déontologiques de tout agent devant être nommé à un poste comportant des responsabilités financières[256] . Une période transitoire de deux ans a été fixée afin que cette délégation se fasse de façon progressive. Ainsi, l'école nationale d'administration du Mali, en partenariat avec le Commissariat au développement institutionnel (CDI), la CARFIP et la direction générale du budget a lancé le programme d'accréditation des responsables de programme.

Mais ce dispositif manque de cohérence d'ensemble en ce qui concerne la définition des postes de responsabilité[257]et des compétences requises[258].

---

[255] A travers l'opérationnalisation et l'utilisation de la plateforme communautaire dénommée Système Interbancaire de Compensation Automatisée (SICA-UEMOA). Aussi, pour définir la ligne de conduite à tenir pour l'ensemble des comptables du réseau Trésor, les instructions n°00001/DNTCP-DN et 00002/DNTCP-DN du 06 janvier 2015 relatives respectivement au mécanisme de fonctionnement de SICA-UEMOA et à la procédure de fonctionnement des comptes bancaires en dépenses, ont été élaborées à l'attention des comptables supérieurs du Trésor.

[256] En effet, la loi n° 2013-031 du 23 juillet 2013 portant approbation du code de transparence dans la gestion des finances publiques stipule en son point 7.4 que « Les procédures et les conditions d'emploi dans la fonction publique sont fixées par la loi. Nul ne peut être nommé ou affecté dans un poste comportant des responsabilités financières sans qu'ait été vérifiées préalablement ses compétences techniques, ses aptitudes professionnelles et les garanties déontologiques qu'il présente. Des programmes de formation adaptés entretiennent et actualisent ces compétences ».

[257] La notion de « poste comportant des responsabilités financières » n'est ni précisée par la Directive par le texte de transposition dans la législation nationale.

8. Une faible liberté de redéploiement des dépenses de personnel vers les dépenses de fonctionnement

Promue comme un mécanisme vertueux, incitant les services de l'État à améliorer leur gestion, la fongibilité asymétrique autorise les gestionnaires à redéployer des économies faites sur leur masse salariale vers d'autres postes de dépenses, l'inverse n'étant pas autorisé.

La fongibilité asymétrique souffre de plusieurs insuffisances. D'abord, les opérations sont totalement centralisées à la direction générale du budget. Également, les modalités d'exercice de la fongibilité ne sont pas précisées pour la même nature de dépense, à l'intérieur d'un programme entre les BOP et à l'intérieur d'un BOP entre les actions et les activités.

B. La faible appropriation des outils de pilotage, de suivi et d'évaluation

1. Les lettres de mission, les contrats de performance : une culture à installer

Pour inciter les RPROG, les RBOP, les RUOP et les agents en charge du programme à jouer pleinement leurs rôles, des lettres de mission doivent leur être adressées et à cette fin un canevas a été élaboré, validé et diffusé dans tous les ministères.

---

[258]Le décret portant organisation de la gestion budgétaire en mode-programmes parle de « capacités de gestion » alors que la loi portant approbation du code de transparence dans la gestion des finances publiques parle de « compétences techniques, ses aptitudes professionnelles et les garanties déontologiques », toute chose qui va au-delà de la seule capacité de gestion. Enfin, le programme d'accréditation a été mis en place avant l'adoption de l'arrêté définissant les critères d'évaluation. Il aurait mieux fallu définir au préalable, les critères avant de développer des programmes de formation.

Malheureusement, ce dispositif peine à être opérationnel dans les ministères[259], faute de facteurs incitatifs, d'accompagnement et de suivi. En effet, il n'existe aucune motivation ou sanctions par rapport à la mise en place des lettres de mission.

Également, dans le souci d'intégration des opérateurs de l'État à la démarche de performance, il a été institué le contrat annuel de performance (CAP). Aujourd'hui tous les opérateurs disposent de leur CAP. Cependant, ces CAP soulèvent trois problématiques : la mise en cohérence des objectifs propres aux opérateurs de l'État avec ceux des programmes auxquels ils sont associés ; la fiabilité des indicateurs retenus et leur suivi régulier par les autorités de tutelle.

2. La disponibilité et la qualité des rapports de suivi trimestriels et des rapports annuels de performance posent problème

Pour suivre la mise en œuvre des programmes et en évaluer la performance en fin d'exercice, ont été institués des rapports de suivi trimestriels et des rapports annuels de performance dont les canevas ont été élaborés, validés et diffusés. Mais la mise en place de ces mécanismes rencontre des difficultés.

La production des rapports de suivi trimestriels de performance peine à être opérationnelle dans les différents ministères[260], faute de facteurs incitatifs et de dispositif

---

[259] Au Ministère de l'Éducation Nationale, au Ministre de l'Emploi et de la Formation Professionnelle, et au Ministère de l'Enseignement Supérieur et de la Recherche scientifique aucune lettre de mission n'a été initiée en 2018 et 2019.

[260] Le Ministère de l'Éducation Nationale et Ministère de l'Enseignement Supérieur et de la Recherche scientifique n'ont pas produit de rapports de suivi trimestriels ni en 2018 et 2019. Par contre, le Ministre de l'Emploi et de la Formation Professionnelle a produit en 2018 les rapports du 1er et des 2èmes

d'accompagnement. Également, beaucoup d'indicateurs de performance pouvant y être intégrés sont des indicateurs dont la mesure ne peut être qu'annuelle.

La production des rapports annuels de performance a accusé beaucoup de retard dans les différents ministères[261], faute d'implication de l'ensemble des acteurs. Également, la difficulté majeure réside dans la collecte des données pour renseigner les indicateurs et dans l'analyse de la performance.

3. L'absence de débats internes sur les rapports annuels de performance

Il ressort de l'examen du processus de mise en place des rapports annuels de performance une absence de débats au sein des ministères en vue d'en tirer les leçons pour le prochain cycle de programmation. Les Secrétaires généraux, coordonnateurs de l'ensemble des programmes, ne se sont pas encore approprié cet exercice.

Ainsi, les RAP sont produits sans une véritable implication de tous les acteurs et cette situation ne favorise pas le développement de la culture de résultats.

---

trimestres 2018. Uniquement celui du 1er trimestre a été transmis à la direction générale du budget. Le Ministre de l'Emploi et de la Formation Professionnelle n'a pas produit de rapports de suivi trimestriels au titre 2019.

[261] Le Ministère de l'Éducation Nationale et Ministère de l'Enseignement Supérieur et de la Recherche scientifique n'ont pas produit de rapports de suivi trimestriels ni en 2018 et 2019. Par contre, le Ministre de l'Emploi et de la Formation Professionnelle a produit en 2018 les rapports du 1er et des 2èmes trimestres 2018. Uniquement celui du 1er trimestre a été transmis à la direction générale du budget. Le Ministre de l'Emploi et de la Formation Professionnelle n'a pas produit de rapports de suivi trimestriels au titre 2019.

Paragraphe 2 : Des marges de progrès pour la comptabilité patrimoniale et le dispositif de contrôle

A. La comptabilité patrimoniale, une réforme non aboutie[262]

1. Le faible niveau de portage des instances de réforme comptable instituées auprès de la Direction en charge de la comptabilité publique

La réforme comptable entamée depuis les directives de l'UEMOA de 2009 est confrontée à l'inadaptation de l'organisation comptable et à des difficultés de pilotage.

En effet, l'organisation actuelle de la tenue de la comptabilité générale n'a pas évolué et laisse très peu de marges de manœuvre aux autres acteurs, notamment les gestionnaires et les contrôleurs financiers, alors que la comptabilité en droits constatés impose un recensement des actifs et des passifs des administrations publiques et une organisation comptable élargie à tous les acteurs.

S'agissant du pilotage, il est assuré techniquement par la Direction nationale du Trésor et de la Comptabilité publique (DNTCP) à travers la « Commission de mise en œuvre des transpositions des directives UEMOA et des réformes de la DNTCP[263] ».

---

[262]Samaké (Siaka), *Le passage à la comptabilité publique en droits constatés, Enjeux techniques et défis de pilotage au Mali*, sous la direction de Jean-Norbert CHRIST, ENA, Université de Strasbourg, CIP 2016-2017, Promotion Alan Turing.

[263] Créée par décision n°2014/52/DNTCP du 5 mars 2014 et composée des cadres de la DNTCP.

2. La difficile question des systèmes d'information financière et comptable de l'État

Au Mali, selon Nicolas Botton[264], le choix a été fait « de garder les systèmes informatiques existants en les améliorant et en ajoutant une couche d'interopérabilité ». Ainsi, la DNTCP s'est dotée d'une nouvelle génération de l'Application intégrée de la comptabilité de l'État (AICE 2) qui prend en compte les exigences de la réforme. Mais toutes ses fonctionnalités ne sont pas disponibles, l'interface avec les autres applications relatives aux recettes et à la comptabilité-matières ainsi que son déploiement au niveau déconcentré ne sont pas achevés.

3. Le difficile recensement[265] des biens mobiliers, immobiliers et des engagements hors bilan de l'État

Les passifs recensant des obligations à l'égard des tiers, le Mali dispose d'informations significatives, mais cependant non exhaustives faute de système d'information de suivi des arriérés[266]. A contrario, les données sur une bonne partie des actifs, au-delà des flux budgétaires annuels, restent incomplètes voire inexistantes.

Le premier défi opérationnel de la réforme comptable sera le recensement des actifs de l'Etat, notamment le parc immobilier, les actifs relevant du domaine militaire et les

---

264 Conseiller technique du FMI auprès de la DNTCP sur la réforme du système d'information.

265 Il s'agit d'une étape importante de la mise en place de la comptabilité patrimoniale. Une commission technique a été créée pour le recensement et la valorisation du patrimoine de l'État. De même, des assistances techniques, notamment d'AFRITAC de l'Ouest, ont été reçues dans ce cadre.

266 Les travaux au niveau des passifs doit porter sur le fiabilisation des informations disponibles mais également la prise en compte des risques potentiels, les dettes non financières…

actifs d'infrastructure[267]. L'éparpillement des biens accroît la complexité de la démarche. Enfin, le recensement du patrimoine pose nécessairement la question du périmètre[268] mais surtout des choix à faire en termes de méthodes.

4. La question de la valorisation des biens mobiliers, immobiliers et des engagements hors bilan de l'État, pour le bilan d'ouverture

Actuellement, le Mali n'a pas encore tranché les questions de valorisation du patrimoine[269]. Ainsi, l'opérationnalisation de la comptabilité patrimoniale a été fixée en 2021, contrairement à l'échéance du cadre harmonisé des finances publiques de l'UEMOA fixée au 1er janvier 2019.

5. La question de l'utilité de la comptabilité patrimoniale demeure

Les données patrimoniales produites par la Direction nationale du Trésor et de la Comptabilité publique ne sont pas mises à la disposition des ordonnateurs pour s'en servir à des finalités de gestion de budgétisation. La mise à disposition systématique de restitutions comptables par ministère et par programme, décrivant les ressources et les résultats financiers obtenus par les gestionnaires publics dans leur périmètre de responsabilité, demeure une préoccupation non mise en œuvre à ce jour.

---

[267]Blöndal (Jon R), *« Comptabilité et budgétisation sur la base des droits constatés : questions clés et développements récents »*, Revue de l'OCDE sur la gestion budgétaire, Vol. 3, n°1, 2003, p. 47-65.

[268] Conformément aux standards internationaux, il y a une substitution du critère de contrôle à celui de propriété

[269] Un comité a été mis en place par Décision n°2019-0016/MEF-SG du 14 février 2019 portant création du comité technique de la détermination du bilan d'ouverture pour la mise en œuvre de la comptabilité d'exercice.

Les parlementaires n'accordent pas non plus une très grande importance à cette comptabilité à cause certainement de sa complexité mais aussi de la portée politique des décisions budgétaires.

B. La faiblesse du dispositif de contrôle[270]

1. Une faiblesse du contrôle interne et du contrôle de gestion, préjudiciable au pilotage des programmes

Pour la mise en place du contrôle interne, il a été adopté[271] une stratégie nationale du contrôle interne (SNCI) dont l'objectif général est de « définir une vision dynamique du contrôle interne en termes d'organisation et de performance ». Elle distingue : (i) les contrôles a priori, effectués en amont des opérations de gestion ; (ii) les contrôles concomitants, réalisés par les gestionnaires sur leurs propres actes ;(iii) les contrôles a posteriori, menés en aval par les corps d'inspection ; (iv) les contrôles systémiques, disséminés à l'intérieur des processus opérationnels.

Cette stratégie met l'accent sur la nécessité de responsabiliser les gestionnaires dans les contrôles concomitants et systémiques de leur ressort, dans la philosophie de la LOLF française.

Malgré des avancées[272], l'environnement de contrôle demeure faible. La plupart des programmes ne disposent

---

[270] Rapport d'évaluation de la gestion des finances publiques et des pratiques de la profession comptable privée, banque mondiale, novembre 2002.

[271] Adoptée par le Conseil des ministres en sa session du 24 août 2011.

[272] (i) mise en place dans les services publics, des systèmes de détection et de traitement des risques à travers la cartographie des risques et le plan d'audit ; (ii) élaboration d'une étude pour l'amélioration et la sécurisation des archives dans les DAF Santé et Éducation ; (iii) mise en place de guide d'élaboration des manuels de procédures, mettant l'accent sur les principes de

pas de système de contrôle interne fonctionnel et efficace. Le personnel est généralement peu qualifié. Très souvent, il n'existe ni manuels de procédures, ni système d'archivage adéquat. Également, les cartographies des risques ne sont pas suffisamment diffusées dans les ministères.

La fonction « contrôle de gestion » semble être la dimension occultée dans la réforme. Aucune action n'est programmée sur cet axe dans le cadre du plan d'action de la réforme (PREM) alors qu'il s'agit d'un outil de pilotage pour l'ensemble des acteurs de la réforme, en particulier pour les responsables de programme et les responsables de budgets opérationnels de programme.

2. Des structures[273] de contrôle interne *a posteriori* (Inspections ministérielles et contrôle général des Services Publics), peu efficaces

Pour le renforcement du contrôle a posteriori, la réforme a introduit de nouvelles missions pour le contrôle financier dont le contrôle à postériori des dépenses soumises au contrôle sélectif. Malheureusement, ces

---

contrôle interne, à l'usage des services publics ; (iv) validation par le CGSP de certains manuels de procédures des services et organismes publics ; (v) Adoption du Décret n°0339/PM-RM du 07 mai 2015 portant création, organisation et fonctionnement des systèmes de contrôle interne dans les services et organismes publics ; (vi) mise en place du Comité de coordination technique des réformes dans le domaine du contrôle interne suivant la décision n°2015-0278/MEF-SG du 10 décembre 2015..

[273] En dehors des inspections ministérielles et du Contrôle Générale des Services Publics, d'autres services centraux assurent des missions de contrôle à postériori : Direction Nationale du Contrôle Financier : Evaluation du contrôle interne et de la performance des programmes ; Direction nationale du Trésor et de la Comptabilité publique : Contrôle des comptables publics et des régisseurs, Direction Nationale de la Planification du Développement : Contrôle des investissements publics ; Direction Nationale des Marchés Publics et des Délégations de Service Public : Contrôle de l'exécution des marchés publics ; Direction Générale de l'Administration des Biens de l'Etat : Missions d'inventaires du patrimoine de l'Etat.

missions tardent à se mettre en place à cause des faibles diffusion et maitrise des outils élaborés.

Le nombre de missions effectuées par exercice budgétaire est assez faible et les ressources humaines sont insuffisantes, peu motivées, instables, de faible qualité et peu formées au niveau de l'ensemble des structures de contrôle.

Enfin, le manque de ressources matérielles et financières en adéquation avec les tâches et les résultats attendus explique en grande partie la faiblesse du niveau de contrôle des finances publiques.

3. Des structures[274] de contrôle interne *a priori*, inefficaces

Malgré le renforcement du dispositif de contrôle a priori, les différents rapports de contrôle et d'audit (BVG, Inspections, CGSP...) permettent d'affirmer que des effets pervers subsistent sur les dépenses publiques. Les procédures définies qui devraient permettre de résoudre certaines insuffisances font l'objet de contournement.

Différentes formes de corruption jonchent le circuit des marchés publics, depuis l'appel d'offres jusqu'au remboursement de la retenue de garantie.

En général, pour expliquer leur manque d'entrain, les structures de contrôle invoquent, souvent à raison, l'insuffisance des ressources qui leur sont accordées par rapport aux tâches et aux résultats attendus.

---

[274] Il s'agit de : (i) Direction Générale des Marchés Publics et des Délégations de Service Public : Avis sur les dossiers de marchés à différents étapes; (ii) Direction Nationale du Contrôle Financier : visas des engagements et des ordonnancements et avis sur toute décision engendrant des charges pour l'État ; (iii) Direction de l'Administration des Biens de l'État : Participation aux commissions de réception.

4. L'inexistence d'une Cour des comptes, handicapant l'affirmation des nouveaux rôles de la Section des Comptes[275]

Conformément à ses engagements communautaires dans le cadre de l'Union Économique et Monétaire Ouest Africaine (UEMOA), le Gouvernement du Mali doit mettre en place une Cour des comptes ayant pour mission (i) l'évaluation des politiques publiques ; (ii) et l'émission d'avis de conformité.

Actuellement, le contrôle juridictionnel des Finances Publiques au Mali est assuré par la Section des comptes (SC) de la Cour suprême (CS), qui est une «division» avec un effectif restreint, peu formé et qui ne dispose pas de budget autonome, ce qui nuit considérablement à son fonctionnement normal et surtout à son efficacité.

Dans sa structure actuelle et avec les moyens dont elle dispose, la SC n'est pas en mesure d'effectuer ses missions conformément aux normes de l'INTOSAI.

Face à cette faiblesse, les autorités maliennes ont créé en 2003 une nouvelle autorité administrative indépendante (AAI) inspirée du modèle canadien, le Vérificateur général[276] qui, à l'exception du jugement des comptes, assure aujourd'hui toutes les autres missions d'une juridiction financière.

---

[275]Bocoum (Wourouma), *Le contrôle juridictionnel des finances publiques au Mali: contributions à la création d'une juridiction financière autonome*, sous la direction de Christophe Pierucci, ENA, Université de Strasbourg, Promotion Georges Clemenceau 2017-2018.

[276] Loi n°03 030 du 25 août 2003 instituant le Vérificateur général.

5. La multiplicité des structures de contrôle, source d'inefficacité[277]

Le système de contrôle des finances publiques se caractérise par la multiplicité des structures avec des redondances qui affaiblissent son efficacité et sa cohérence.

Il existe actuellement des similitudes entre les diligences du contrôleur financier et celles des comptables. « Les contrôles réalisés par le contrôleur financier sur les mandats de paiements portent sur les mêmes points que les contrôles réalisés par le comptable public avant paiement », a conclu un rapport du FMI[278].

Également, exception faite du contrôle juridictionnel propre à la Section des comptes, toutes les autres missions se recoupent avec plus ou moins d'intensité. Il arrive très fréquemment que les caisses d'un même régisseur d'avances fassent l'objet d'un double arrêté de caisse par la Direction nationale du Trésor et de la Comptabilité publique et par l'Inspection des Finances, voire le CGSP.

6. Un contrôle parlementaire inopérant

La réforme confère aux parlementaires un pouvoir de contrôle et d'évaluation élargi pour apprécier la performance des administrations, en particulier dans le cadre de l'examen du projet de loi de règlement et des rapports annuels de performances (RAP).

Mais dans la pratique, le contrôle parlementaire est confronté à l'absence de recours aux autres moyens

---

[277]Guindo (Moumouni), *Le système de contrôle des finances publiques du Mali et le principe d'efficience de l'action publique*, sous la direction de Robert Hertzog, ENA, Université de Strasbourg, CIP P2014-2015, promotion Olympe de Gouges.

[278] Rapport d'audit de la chaîne de la dépense publique, Fonds monétaire international, Taiclet (Benoit), Berbach (Marie-Laure), Maurin (Christophe), mars 2014

d'information à travers des commissions d'enquête, au soutien inconditionnel apporté au gouvernement par une écrasante majorité du Parlement étant de la même mouvance politique, à un désintérêt des députés pour les questions nationales et à un manque de culture financière.

7. Le retard dans la production de rapports d'audit et de contrôle[279]

Les longs délais dans lesquels interviennent les rapports définitifs d'audits constituent une difficulté objective pour les structures contrôlées. Il en résulte qu'un rapport d'audit peut porter sur une gestion ancienne qui n'a pas relevé de l'ordonnateur ou que le personnel en place se dérobe de toute responsabilité sur une gestion antérieure.

8. Un contrôle citoyen inefficace

Les efforts engagés en faveur de la transparence de l'information budgétaire et comptable se sont consolidés à travers l'amélioration de la qualité de l'information budgétaire fournie à l'Assemblée nationale et la publication à bonne date des documents sur la gestion des finances publiques conformément aux prescriptions contenues dans la loi n°2013-031 du 23 juillet 2013 portant code de transparence dans la gestion des finances publiques.

Malgré ces avancées, le contrôle citoyen reste handicapé par (i) la multiplicité des organes avec des problématiques de cohérence et de cohésion ; (ii) la faible accessibilité aux informations et la problématique de la qualité de celles-ci ; (iii) la faible capacité des acteurs dans l'évaluation des

[279] (i) des marchés publics et des délégations de service public de l'Autorité de Régulation des Marchés Publics et des Délégations de Service Public ; (ii) de vérification financière et de performance du vérificateur général ; (iii) sur la loi de règlement de la Section des Comptes de la Cour Suprême.

politiques publiques ; (iv) enfin le manque de ressources matérielles et financières en adéquation avec les tâches et les résultats.

Chapitre 3 : Des pistes d'amélioration au regard de l'expérience française de la LOLF

Afin d'améliorer l'efficacité des politiques publiques, la France a adopté la loi organique relative aux lois de finances (LOLF) qui institue de nouvelles règles d'élaboration et d'exécution du budget et qui permet de passer d'une logique de moyens à une logique de résultats.

Cette nouvelle loi est entrée pleinement en application le 1er janvier 2006 avec la loi de finances pour 2006, la première à être intégralement préparée, adoptée et exécutée selon le nouveau cadre budgétaire. Les dix-huit (18) années de l'expérience française pourraient permettre au Mali de corriger les imperfections de sa réforme.

Dans un premier temps, il s'agira de voir comment améliorer les cycles de préparation et d'adoption budgétaire (section1) et dans un second temps comment renforcer les cycles de l'exécution, de la comptabilité et du contrôle (section 2) au regard de cette expérience française.

Section 1 : Améliorer les cycles de préparation et d'adoption budgétaire au regard des insuffisances constatées

Comparativement au modèle français, l'amélioration des cycles de préparation et d'adoption budgétaire passera par des réformes structurelles, la mise à jour du cadre juridique communautaire (paragraphe1) et l'amélioration du cadre de la préparation et de l'adoption du budget (paragraphe 2).

Paragraphe 1 : Engager des réformes structurelles et mettre à jour le cadre juridique

A. Des réformes structurelles nécessaires

1. Poursuivre la réforme institutionnelle[280]

La réforme des finances publiques fondée sur une dynamique de transparence, d'imputabilité, de redevabilité et de performance dans l'administration publique n'apportera aucun changement si elle n'est pas accompagnée d'une réforme institutionnelle éclairée et participative pour doter le pays d'institutions plus fortes et plus crédibles, indispensables à l'apaisement du climat social.

Ainsi, la révision constitutionnelle doit apporter certaines innovations et s'accompagner d'une série de mesures législatives fortes. Il s'agira de :

- *Clarifier la responsabilité pénale du président de la République*[281] *:* en France, la révision constitutionnelle du 23 février 2007 a clarifié le statut du président de la République et ses responsabilités pénale, civile et administrative.

Le Mali doit s'inspirer de cette expérience française pour instituer un régime de droit commun pour certains faits

---

[280] https://www.vie-publique.fr/ consulté le 04 octobre 2019.

[281] Article 95 de la Constitution du Mali du 25 février 1992 « La Haute Cour de Justice est compétente pour juger le Président de la République et les Ministres mis en accusation devant elle par l'Assemblée Nationale pour haute trahison ou en raison des faits qualifiés de crimes ou délits commis dans l'exercice de leurs fonctions ainsi que leurs complices en cas de complot contre la sûreté de l'Etat. La mise en accusation est votée par scrutin public à la majorité des 2/3 des députés composant l'Assemblée Nationale. La Haute Cour de Justice est liée par la définition des crimes et délits et par la détermination des peines résultants des lois pénales en vigueur à l'époque des faits compris dans la poursuite. ».

qualifiés de crimes ou délits commis avant et pendant l'exercice de la fonction présidentielle.

- *Renforcer les conditions de nomination du Premier ministre*[282] *:* en France[283], comme au Mali, les conditions de nomination et de révocation du Premier ministre sont similaires. Contrairement à la France, il s'agit d'instituer que le Premier ministre soit issu de la majorité parlementaire et de supprimer la pratique de remise de sa lettre de démission au président de la République.

- *Renforcer les conditions de nomination des membres du Gouvernement :* en France[284], comme au Mali, les règles de nomination des membres du gouvernement sont similaires. Contrairement à la France, le Mali peut instituer le principe de « quitus » de l'Assemblée nationale pour la désignation de chaque membre du gouvernent qui sera tenu d'élaborer et de défendre son programme, ce qui le rendra plus redevables à l'intérêt général qu'aux canaux informels. Chaque ministre signera également un contrat annuel de performance avec le Premier ministre.

- *Mettre fin au principe des privilèges et des immunités*[285] *pour les membres du Gouvernement et les*

---

[282] Article 38 de la Constitution du 25 février 1992 « Le président de la République nomme le Premier ministre. Il met fin à ses fonctions sur présentation par celui-ci de la démission du Gouvernement. Sur proposition du Premier ministre, il nomme les autres membres du Gouvernement et met fin à leurs fonctions. »

[283] Article 8 de la constitution, « Le président de la République nomme le Premier ministre. Il met fin à ses fonctions sur la présentation par celui-ci de la démission du Gouvernement. Sur la proposition du Premier ministre, il nomme les autres membres du Gouvernement et met fin à leurs fonctions ».

[284] Article 8 de la constitution, « Le président de la République nomme le Premier ministre. Il met fin à ses fonctions sur la présentation par celui-ci de la démission du Gouvernement. Sur la proposition du Premier ministre, il nomme les autres membres du Gouvernement et met fin à leurs fonctions »

[285] Article 95 de la constitution du 25 février 1992 « La Haute Cour de justice est compétente pour juger le président de la République et les ministres mis en accusation devant elle par l'Assemblée nationale pour haute trahison ou en raison des faits qualifiés de crimes ou délits commis dans l'exercice de leurs

présidents des institutions constitutionnelles[286] : en France, la responsabilité pénale des membres du Gouvernement, pour les actes commis dans l'exercice de leurs fonctions, a connu une évolution très importante en 1993, avec la possibilité pour un particulier de déclencher des poursuites devant la Cour de Justice de la République.

Le Mali peut s'inspirer de cette expérience, même si elle fait l'objet de critiques en France, pour faire évoluer le régime juridique applicable aux membres du Gouvernement et aux présidents des institutions constitutionnelles.

- *Renforcer et réorganiser le système judiciaire :* en France, le système judiciaire a fait l'objet de plusieurs réformes concernant notamment le Conseil supérieur de la magistrature[287] et les jurés des Cours d'assises[288].

Le Mali peut s'inspirer de ce modèle pour étendre le système de jurés à tous les types de procès au-delà de la qualification des faits incriminés. Egalement, dans le but de rechercher un accord amiable en vue d'éviter un procès et

---

fonctions ainsi que leurs complices en cas de complot contre la sûreté de l'Etat. La mise en accusation est votée par scrutin public à la majorité des 2/3 des députés composant l'Assemblée nationale. La Haute Cour de justice est liée par la définition des crimes et délits et par la détermination des peines résultants des lois pénales en vigueur à l'époque des faits compris dans la poursuite »

[286] Article 74 de la Directive n°06/2009/CM/UEMOA relative aux lois de finances « Les membres du Gouvernement et les présidents des institutions constitutionnelles encourent, en raison de l'exercice de leurs attributions, les responsabilités que prévoit la Constitution de chaque État.
A cet effet, les États membres prennent toutes mesures législatives, réglementaires, juridictionnelles, institutionnelles, et administratives pour rendre effectives ces dispositions constitutionnelles ».

[287]A travers la loi du 30 août 1883 sur la réforme de l'organisation judiciaire, la Constitution du 27 octobre 1946, la Constitution du 4 octobre 1958, la loi constitutionnelle du 27 juillet 1995 et la loi organique du 5 février 1994, la loi organique du 25 juin 200, la loi n°2008-724 du 25 juillet 2008 de modernisation des institutions de la Vème République et la loi organique n°2010-830 du 22 juillet 2010 relative à l'application de l'article 65 de la Constitution.

[288]La réforme législative du 10 août 2011.

une procédure lourde et coûteuse, le Mali peut instituer pour des cas spécifiques la possibilité de recourir aux conciliateurs[289] ou médiateurs[290] de justice. Enfin, la Cour Constitutionnelle doit être élargie à la société civile[291], tout comme le Conseil supérieur de la magistrature[292].

---

[289]Le conciliateur est, comme son nom l'indique, un auxiliaire de justice qui est nommé par le premier président de la cour d'appel. Il est tenu à une obligation de secret et doit traiter les affaires dont il est saisi de façon impartiale.
La saisine du conciliateur est obligatoire depuis la Loi Justice de 2016 pour les litiges portant sur une somme inférieure à 4 000 €. En l'absence de cette étape préalable, le juge pourra rejeter d'office la demande du plaignant, sauf en cas de motif légitime.
Le recours au conciliateur de justice est gratuit. Contrairement à l'intervention du médiateur de justice, avec qui le conciliateur est souvent confondu. Le conciliateur de justice est un bénévole, tandis que le médiateur de justice est un professionnel.

[290]Le médiateur de justice est un professionnel indépendant et qualifié, désigné par le juge pour mettre en œuvre une médiation judiciaire. Au cours d'un litige, le juge peut à tout moment proposer aux parties une résolution amiable de leur conflit en ayant recours à un médiateur de justice. L'objectif de cette intervention est de permettre aux personnes en conflit de rechercher un accord afin de trancher le litige qui les oppose. A ce titre, le médiateur judiciaire a le plus souvent une formation en droit et en sciences humaines.

[291] Article 91 de la Constitution du 25 février 1992 « La Cour constitutionnelle comprend neuf membres qui portent le titre de Conseillers avec un mandat de sept ans renouvelable une fois. Les neufs membres de la Cour Constitutionnelle sont désignés comme suit :

- trois nommés par le président de la République dont au moins deux juristes ; - trois nommés par le Président de l'Assemblée nationale dont au moins deux juristes ; - trois magistrats désignés par le Conseil supérieur de la magistrature. Les Conseillers sont choisis à titre principal parmi les professeurs de droit, les avocats et les magistrats ayant au moins quinze ans d'activité, ainsi que les personnalités qualifiées qui ont honoré le service de l'Etat ».

[292] Article 45 de la constitution du 25 février 1992 « Le président de la République est le président du Conseil supérieur de la magistrature. Il exerce le droit de grâce. Il propose les lois d'amnistie » et
Article 82 de la constitution du 25 février 1992 « Les magistrats ne sont soumis dans l'exercice de leur fonction qu'a l'autorité de la loi. Les magistrats du siège sont inamovibles. Le président de la République est garant de l'indépendance du pouvoir judiciaire. Il est assisté par le Conseil supérieur de la magistrature. Le Conseil supérieur de la magistrature veille sur la gestion de la carrière des magistrats et donne son avis sur toute question concernant l'indépendance de la magistrature. Le Conseil supérieur de la magistrature statue comme Conseil de discipline pour les magistrats. Une loi organique fixe l'organisation, la composition, les attributions et le fonctionnement du Conseil supérieur de la magistrature. La loi fixe également le statut de la

- *Donner un fondement constitutionnel au budget pluriannuel :* la France a donné un fondement constitutionnel au budget pluriannuel, permettant ainsi l'articulation entre lois de finances et lois d'orientation et/ou de programmation.

Le Mali peut s'inspirer de cette expérience pour donner un fondement constitutionnel aux lois d'orientation et de programmation pluriannuelles (armée, sécurité...).

- *Relire le code électoral et le statut des partis politiques :* en France, depuis l'adoption d'une législation encadrant le financement des partis politiques en 1988, les jurisprudences concordantes du Conseil d'Etat et du Conseil constitutionnel ont apporté une précision supplémentaire dans la définition d'un parti politique[293].

Le Mali peut s'appuyer sur la loi du 11 mars 1988 relative à la transparence financière de la vie politique pour renforcer la charte sur les partis politiques.

- *Fixer un régime juridique des fonds spéciaux de l'exécutif :* depuis 1946, la France dispose d'un régime juridique qui encadre ces fonds avec la mise en place de commission de vérification des fonds spéciaux, notamment les fonds de souveraineté mis à la disposition du président de la République, du Premier ministre et des services secrets de l'Etat.

Cette expérience peut valablement servir le Mali pour encadrer l'utilisation et le contrôle des fonds spéciaux par des régimes juridiques spéciaux.

---

magistrature dans le respect des principes contenus dans la présente Constitution. ».

[293] "une personne morale de droit privé qui s'est assigné un but politique ne peut être regardée comme un "parti ou groupement politique" au sens de l'article L. 52-8 du code électoral que si elle relève des articles 8, 9 et 9-1 de la loi du 11 mars 1988 susvisée relative à la transparence financière de la vie politique, ou s'est soumise aux règles fixées par les articles 11 à 11-7 de la même loi".

- *Réorganiser le travail gouvernemental :* en France, la coordination et le pilotage stratégique des réformes interministérielles relèvent du Secrétariat général du Gouvernement et cela facilite la réorganisation du travail gouvernemental.

Pour réorganiser le travail, la France a misé sur le développement du numérique, avec notamment son Système d'information unifié de l'État, placé auprès du Premier ministre depuis l'été 2014.

Le Mali peut aussi se servir de cette expérience française pour améliorer les modalités de fonctionnement des services stratégiques et des différents cadres de coordination (Réunion interministérielle, Comité de coordination des secrétaires généraux, Conseil de Cabinet, Conseil des ministres).

Bien qu'indispensables, ces mesures de réformes institutionnelles ne seront pas suffisantes. Elles doivent être accompagnées par le parachèvement de la réforme territoriale.

2. Parachever la réforme territoriale

Fort d'une longue tradition d'État unitaire, la France s'est engagée depuis plusieurs années dans une démarche de décentralisation administrative avec la mise en place et le renforcement des compétences des communes[294], des départements[295]et des régions[296].

[294] La Commune : - Loi du 14 décembre 1789 (Constituante) et décret de la Convention du 10 brumaire an II (1794). - Loi du 28 pluviôse an VIII (1800). - 1837 : personnalité juridique. - Loi municipale du 5 avril 1884.

[295] Le Département : - Loi du 22 décembre 1789 et décrets des 26 février et 4 mars 1790. - Loi du 28 pluviôse an VIII. - Loi du 22 juin 1833 : personnalité juridique. - Loi du 10 août 1871. - Loi du 2 mars 1982 et loi du 13 août 2004.

[296] La Région : - Décrets du 7 janvier 1959 et du 2 juin 1960 : 21 circonscriptions d'action régionale. - Référendum du 27 avril 1969 : la régionalisation manquée. - Loi du 5 juillet 1972 : établissements publics

La France a également conduit, simultanément aux réformes territoriales[297], plusieurs réformes[298] de l'organisation territoriale de l'Etat.

Au cours de la période récente, la révision générale des politiques publiques (RGPP : 2007-2012) a modifié l'organisation des services de l'Etat pour les rationaliser. Au niveau déconcentré, dans le cadre de la Réforme de l'Administration Territoriale de l'État (RéATE), l'ensemble des services régionaux et des services départementaux ont été regroupés dans un format plus resserré et plus intégré, faisant passer les services hors préfecture de 18 à 8[299] au niveau régional et de 13 à 4 [300] au niveau départemental avec une nouvelle répartition des rôles entre échelons

territoriaux. - Loi du 2 mars 1982 et premières élections au suffrage universel en 1986. - Loi constitutionnelle du 28 mars 2003 (art. 72 de la Constitution de 1958) et loi du 13 août 2004.

[297] La décentralisation : de l'Etat vers les collectivités territoriales (la loi du 2 mars 1982, la réforme constitutionnelle du 28 mars 2003 et la loi du 13 août 2004, la loi « NOTRe » du 7 août 2015).

[298] Réforme de l'Etat : (i) Le comité de réforme administrative (1945), (ii) Le ministère chargé de la réforme de l'administration (1963), (iii) La Rationalisation des Choix Budgétaires (1968) inspirée du Planning Programming Budget System, (iv) Les rapports Belin-Gisserot (1986), de Closets (1988), Serieyx-Fraisse (1996), (v) La circulaire du Premier ministre du 23 février 1989 sur le renouveau du service public, (vi) La déconcentration : de l'Etat central vers l'Etat territorial (charte de 1992, décret de 2010, décret du 7 mai 2015 portant charte de la déconcentration), (vii) L'introduction du New Public Management (viii) Les stratégies ministérielles de réforme (2003-2005) et les audits de modernisation (2005).

[299] Depuis le décret du 16 février 2010, les directions régionales ne sont plus qu'au nombre de huit : direction régionale des entreprises, de la concurrence, de la consommation, du travail et de l'emploi (DIRECCTE) ; direction régionale de l'environnement, de l'aménagement et du logement (DREAL) ; direction régionale de la jeunesse, des sports et de la cohésion sociale (DRJSCS) ; direction régionale de l'alimentation, de l'agriculture et de la forêt (DRAAF) ; direction régionale des affaires culturelles (DRAC) ; direction régionale des finances publiques ; rectorat d'académie ; agences régionales de santé (ARS).

[300] Depuis le décret du 3 décembre 2009, il n'existe plus, en principe, que trois directions départementales interministérielles : la Direction départementale de la protection des populations ; la Direction départementale de la cohésion sociale ; la Direction départementale des territoires.

régionaux (pilotage) et départementaux (mise en œuvre interministérielle).

Si la RGPP a permis des économies à travers la réorganisation des services territoriaux de l'État, selon le rapport d'évaluation (IGA-IGF-IGAS de septembre 2012)[301], « la recherche d'économies de fonctionnement l'a emporté sur la revue des politiques et sur l'interrogation sur la pertinence des missions de l'État ».

Mise en œuvre entre 2012 et 2017, la Modernisation de l'action publique (MAP) a permis en 2014, à travers la loi du 27 janvier 2014 relative à la modernisation de l'action publique territoriale et d'affirmation des métropoles (« MAPTAM »), de renforcer les rôles des régions, des métropoles et agglomérations de plus de 400 000 habitants.

Par la suite, la loi du 16 janvier 2015 a substitué aux 22 régions métropolitaines existantes 13 régions aux périmètres plus étendus, avec pour objectif de se rapprocher des autres régions européennes et de réaliser des gains d'efficience.

La loi du 7 août 2015 portant nouvelle organisation territoriale de la République (NOTRé) a supprimé la clause générale de compétence pour les départements et les régions et a renforcé le rôle de la région en matière de développement économique et de transport.

Enfin, la loi NOTRé a introduit l'expérimentation de la certification des comptes des collectivités territoriales, dispositif destiné à améliorer la régularité, la sincérité et la fidélité des comptes des administrations publiques locales.

[301] http://www.igf.finances.gouv.fr/files/live/sites/igf/files/contributed/IGF%20internet/2.RapportsPublics/2012/2012-M-058.pdf, consulté le 06 octobre 2019.

Ces différentes réformes, qu'elles concernent les services de l'État ou les collectivités territoriales, n'ont pas toujours conduit aux résultats attendus.

À titre d'exemple, la Cour des comptes dans son rapport sur la situation et les perspectives des finances publiques de juin 2017[302] a établi un bilan en demi-teinte de la MAP (2012-2017) relevant plusieurs insuffisances telles que la faiblesse des économies réalisées, le faible pilotage, l'inaction à la suite des rapports d'évaluation des politiques publiques. Plus récemment, le rapport de la Cour des comptes sur les finances publiques locales[303]de 2019 a dressé un bilan en demi-teinte de la réforme des régions.

Dans le prolongement des démarches précédemment mises en œuvre, la nouvelle mandature a fait de la transformation de l'action publique l'un de ses chantiers prioritaires, d'abord dans le cadre du programme transversal « Action publique 2022», puis au moyen de réformes sectorielles de la fonction publique et de l'organisation territoriale de l'État.

A la suite du grand débat national, le Premier ministre a publié le 12 juin 2019 une circulaire relative à la mise en œuvre de la réforme de l'organisation territoriale de l'Etat qui répond à quatre objectifs : (i) désenchevêtrer les compétences de l'Etat avec les collectivités, les opérateurs ou les acteurs hors de la sphère publique ; (ii) réorganiser le réseau déconcentré de l'Etat pour mieux répondre aux priorités affichées par le gouvernement ; (iii) gagner en efficience par la mutualisation des moyens et la coopération interdépartementale ; (iv) conférer aux responsables

[302]https://www.ccomptes.fr/sites/default/files/2017-06/20170629-RSPFP_0.pdf, consulté le 06 octobre 2019.

[303] Cour des comptes, rapport sur la situation financière des collectivités locales, septembre 2019.

déconcentrés et notamment départementaux des pouvoirs de gestion accrus et garantir la cohérence de l'action de l'Etat au profit des territoires.

Il s'agit pour le Mali d'éviter certains écueils tirés de l'expérience française telle que la superposition des niveaux de collectivités locales (communes, départements, régions, collectivités d'outre-mer, communauté de communes et d'agglomération, communauté urbaine, établissement public de coopération intercommunale etc.) qui éloigne l'usager du service public, rend les notions de compétences confuses et déresponsabilise les élus de proximité (communaux) au profit de ceux des structures à démocratie indirecte.

Néanmoins, le Mali peut s'appuyer sur plusieurs aspects positifs, à savoir : (i) une vision holistique de toutes les réformes (de l'Etat : central et déconcentré, territoriale et des finances publiques) ; (ii) un arrimage des réformes de l'Etat et territoriales avec les mandats présidentiels et législatifs ; (iii) un recensement et l'évaluation de l'ensemble des politiques publiques mises en œuvre ; (iv) une vision hautement stratégique de la modernisation et de l'implication de l'ensemble des démarches administratives et enfin (v) un pilotage très stratégique des réformes avec des adaptations éventuelles.

Au-delà du parachèvement de la réforme territoriale, basé sur une réforme de l'Etat, une refondation de la fonction publique s'avère nécessaire pour mieux accompagner la réforme des finances publiques.

3. Refonder la fonction publique

En France, la mise en place de la LOLF a fait naître des besoins nouveaux en termes de compétences et de formation, avec le développement des fonctions budgétaire et comptable, des métiers liés à la gestion publique (contrôle de gestion notamment) et la mise en place de nouveaux systèmes d'information.

Ceci s'effectue dans un contexte de rénovation de la fonction publique, justifiée par les besoins de renouvellement démographique, la réforme de l'État et la nécessité d'optimiser la masse salariale croissante de l'État.

Au regard de l'expérience française, pour refonder la fonction publique il s'agit de :

- *Réorganiser les différents régimes statutaires en renforçant le statut général pour plus de cohérence*[304] : en France, il existe trois versants de la fonction publique à savoir la fonction publique d'État, la fonction publique hospitalière, et la fonction publique territoriale, tous régis par le statut général des fonctionnaires. A côté de ce statut général, des statuts particuliers sont spécifiques à chaque corps. Les magistrats et militaires sont régis par des textes particuliers.
  Le Mali peut s'inspirer de ce modèle français avec un seul et unique statut général accompagné de statuts particuliers par corps pour mettre fin à la multiplication des statuts autonomes et hybrides.
- *Mettre en place une politique de gestion souple et efficace*[305] *des cadres organiques et des postes dans l'administration publique* : en France, la création et l'organisation des services relèvent du pouvoir réglementaire en dehors de quelques cas

[304] Politique nationale de la Gestion axée sur les résultats, p.18-19 et Rapport sur la Performance de la Gestion des Finances Publiques sur la période 2013-2015 selon le cadre méthodologique PEFA 2016, annexe 2, p.34.
[305] Ibidem, p.18-19

spécifiques[306] et la tutelle des établissements publics est en général assurée par les administrations centrales en charge de la politique publique concernée.

Également, pour faciliter la gestion prévisionnelle des effectifs et des compétences (GPEC), à partir des

---

[306]Les règles d'organisation des services sont d'une part fixées par le décret n°2015-510 du 7 mai 2015 portant charte de la déconcentration qui distincte les administrations centrales, les services à compétence nationale et les services déconcentrés et d'autre part, s'agissant des services d'administration centrale, par le décret n° 87-389 du 5 juin 1987 modifié.

L'organisation de l'administration centrale de chaque ministère en directions générales, en directions et en services est fixée par décret[306]. Depuis l'entrée en vigueur du décret n° 2008-208 du 29 février 2008 qui a modifié le décret du 5 juin 1987 précité, la consultation du Conseil d'État n'est plus requise.

Le décret simple est contresigné par le ministre intéressé et par le ministre chargé de la réforme de l'État.

Un arrêté du ministre intéressé fixe l'organisation des directions générales, directions et services des administrations centrales en sous-directions ainsi que l'organisation interne des sous-directions.

Le secrétariat général du Gouvernement est chargé de veiller à la cohérence générale de l'organisation des administrations centrales de l'État. A ce titre, les projets de décret et d'arrêté procédant à des réformes d'organisation d'une administration centrale doivent lui être soumis pour avis préalablement à l'engagement des consultations officielles.

Les projets de décret et d'arrêté relatifs à l'organisation des administrations centrales doivent être soumis à l'avis des comités techniques (CT) compétents en vertu des dispositions des articles 34, 35 et 36 du décret n° 2011-184 du 15 février 2011 relatif aux comités techniques dans les administrations et les établissements publics de l'État.

Pour le cas spécifique des établissements publics, avant 1958, seule la loi pouvait créer un établissement public. Ainsi, l'article 34 de la constitution du 4 octobre 1958 limite ce rôle du législateur à « la définition des règles concernant ... la création de catégories d'établissements publics ». Mais le problème se pose particulièrement quand la volonté du législateur n'apparaît pas clairement.

La création d'établissement public revient au pouvoir réglementaire, même s'il revient au juge de définir le sens de « catégorie ».

À l'origine, la notion de catégorie était caractérisée par 3 critères à savoir le caractère de l'activité, la tutelle, et la spécialité. Aujourd'hui, seules 2 critères subsistent (tutelle et spécialité). Le concept de « tutelle » est à comprendre au sens de rattachement territorial et celui de « spécialité » est d'une interprétation souple, au sens de « spécialité analogue », donc défavorable à la loi (CC : CC 1959 RATP, il juge que l'ANPE et l'office national d'immigration sont dans la même catégorie puisqu'ils interviennent sur le marché du travail. Toutefois, il se peut qu'un seul établissement constitue une catégorie. CC 1959 RATP).

fiches de postes, la Fonction publique de l'État en France s'est dotée en 2006 d'un répertoire interministériel des métiers (RIME).

Le Mali peut valablement s'inspirer de cette forme d'organisation en révisant les textes de création, d'organisation et de fonctionnement des services publics[307] pour conférer au Gouvernement l'exclusivité de cette compétence et offrir suffisamment de marges de manœuvre aux autres responsables (ministres, RPROG...). La tutelle des opérateurs (EPN, EPA, ESPTC, ...) serait ramenée dans les administrations centrales pour renforcer leur leadership dans la mise en œuvre des politiques publiques.

- *Déconcentrer la politique de recrutement et l'adapter à la culture de performance*[308] : en France, la gestion des ressources humaines est totalement déconcentrée au niveau ministériel, à travers leurs directions des ressources humaines (DRH). Le pilotage stratégique est assuré par la Direction générale de l'administration de la fonction publique (DGAFP) qui apporte un appui-conseil aux DRH.

  Le Mali peut valablement s'inspirer de cette expérience, en vue de donner plus de marges de manœuvre aux autres responsables (ministres, RPROG...) dans le cadre du principe de la fongibilité asymétrique des crédits.

---

[307] Loi n°049 du 19 septembre 2014 portant principes fondamentaux de la création de l'organisation et du contrôle des services publics.

[308] Ibidem.

- *Améliorer et élargir la politique de formation initiale*[309] : en France, chaque versant de la fonction publique dispose d'une école d'application pour former les cadres dirigeants : l'École nationale d'administration (ENA) pour la fonction publique d'État, l'institut national des études territoriales (INET) pour la fonction publique territoriale et l'École des hautes études en santé publique (EHESP) pour la fonction publique hospitalière.

  Le Mali peut s'inspirer de cette expérience, mais en mettant en place un dispositif de formation initiale élargie à tous les corps[310] de fonctionnaires de la catégorie A, afin de les préparer aux responsabilités de conception, de direction et de gestion stratégique.
- *Réorganiser le processus d'allocation des ressources humaines*[311] : en France, la déconcentration de la gestion des ressources humaines au niveau ministériel, avec le pouvoir de recrutement et de gestion de la masse salariale, impacte la gestion des mobilités. Plusieurs dispositifs d'accompagnements ont été mis en place pour faciliter la mobilité comme les plateformes régionales d'appui à la gestion des ressources humaines, ainsi que des mesures incitatives financières comme l'indemnité

[309] Politique nationale de la Gestion axée sur les résultats, p.18-19 et Rapport sur la Performance de la Gestion des Finances Publiques sur la période 2013-2015 selon le cadre méthodologique PEFA 2016, annexe 2, p.34.

[310]Elle concerne les corps suivants : conseillers des affaires étrangères, administrateurs civils, inspecteurs des impôts, inspecteurs du trésor, inspecteurs des finances, inspecteurs des douanes, administrateurs du travail et de la sécurité sociale, inspecteurs des services économiques et planificateurs.

[311] Politique nationale de la Gestion axée sur les résultats, p.18-19.

d'accompagnement à la mobilité et l'indemnité temporaire de mobilité.

Cette expérience pourra servir au Mali afin d'accélérer la déconcentration du pouvoir de recrutement et la responsabilisation des ministères dans la gestion de la masse salariale. Également, des mesures incitatives pourraient favoriser la mobilité des agents dans certaines zones du pays. Au-delà de ces normes, il est indispensable pour le Mali de se doter d'un dispositif dématérialisé, avec des contrôles applicatifs, de gestion des effectifs et des compétences.

- *Accélérer la mise en place du code d'éthique et de déontologie avec des référents et une commission de déontologie dans tous les services publics*[312] : pour mieux encadrer l'ensemble des obligations incombant aux fonctionnaires, la France a adopté la loi n° 2016-483 du 20 avril 2016 relative à la déontologie et aux droits et obligations des fonctionnaires.

  Une commission de déontologie est également instituée afin de prévenir les situations de prise illégale d'intérêts. Elle émet des recommandations pour l'application des textes à des situations individuelles.

  Le Mali peut s'inspirer de cette expérience et accélérer la mise en place du code d'éthique et de déontologie[313] pour l'ensemble des agents publics desquels seront exigés des comportements

[312] Ibidem.

[313] L'administration prévue à la section 8 de la loi n°2019-058 portant code d'éthique et de déontologie de l'agent de l'administration publique n'est en place.

exemplaires. Par la même occasion, une commission d'éthique ou un référant déontologue sera mis(e) en place dans chaque administration ou établissement public pour veiller au respect des obligations des agents publics et faciliter le recours des usagers des services publics face au mauvais comportement des agents publics.

- *Recentrer la politique de formation continue sur la gestion prévisionnelle des effectifs et des compétences*[314] : en France, l'accès à la formation se fait dans le cadre du plan de formation établi annuellement par l'administration en fonction d'une part des priorités de formation interministérielles fixées par la DGAFP et d'autre part des besoins spécifiques de formation identifiés par l'employeur.

  Le droit individuel à la formation (DIF) a été intégré dans le compte personnel d'activité (CPA) constitué à raison de 20 heures par année de service pouvant être cumulés jusqu'à une durée de 120 heures et pouvant être utilisés pour des actions d'adaptation, de perfectionnement ou d'acquisition de nouvelles qualifications.

  Le Mali peut s'appuyer sur cette expérience pour créer, à partir de la base de données de GRH, des comptes personnels d'activité et permettre aux agents de s'inscrire à des programmes de formation mis en place par les dispositifs nationaux de formation continue.

[314] Politique nationale de la Gestion axée sur les résultats, p.18-19 et Rapport sur la Performance de la Gestion des Finances Publiques sur la période 2013-2015 selon le cadre méthodologique PEFA 2016, annexe 2, p.34.

- *Mettre en place une gestion de carrière basée sur les compétences et les qualités managériales*[315] : en France, le statut général prévoit une obligation de publication des vacances pour tous les emplois, quelle que soit leur catégorie. La Bourse interministérielle de l'emploi public (http://www.biep.gouv.fr/) permet de consulter l'ensemble des offres d'emplois disponibles dans la fonction publique de l'État.

  Également, pour encadrer les conditions de nomination à certains emplois, la circulaire du Premier ministre du 10 juin 2015 relative à la gestion des cadres et au management dans la fonction publique invite tous les employeurs publics à dynamiser la gestion des cadres supérieurs. La « Mission Cadres Dirigeants[316] », placée auprès du Secrétariat général du gouvernement, s'appuie sur la revue des cadres pour établir une connaissance des cadres, de leurs compétences et de leurs aspirations et identifier les Dirigeants potentiels susceptibles d'être proposés comme candidats pour être nommés en Conseil des ministres.

  Des critères[317] précis ont été fixés pour l'accès aux emplois fonctionnels et des comités d'audition ont

---

[315] Ibidem.

[316] Un critère essentiel pour entrer au vivier des futurs cadres dirigeants est de présenter un haut potentiel managérial: la décision d'intégrer des cadres au vivier est consécutive au croisement des avis émis par les administrations sur la base d'un référentiel commun de compétences managériales et par l'appréciation portée par un prestataire externe après passage notamment par différentes « mises en situation » (processus usuel dans le secteur privé et dénommé assessment).

[317] Les conditions d'accès aux emplois fonctionnels sont différentes selon le niveau de responsabilité de ces emplois :
Selon le dispositif réglementaire en vigueur au 1er janvier 2019, il est requis :

été instaurés par le décret du 24 mai 2016 afin d'éclairer, par une audition collégiale, le ou les autorités ayant le pouvoir de nomination. Également, pour faciliter la gestion des personnes ayant occupé des emplois fonctionnels, il a été créé en 2010 le Grade à Accès Fonctionnel qui constitue un nouveau grade pour les agents de catégorie A qui ont occupé des postes à responsabilités.

Malgré ces dispositifs, subsistent toujours des insuffisances, notamment la cooptation.

Néanmoins, le Mali peut s'inspirer valablement de ces expériences, notamment celle relatives à la Bourse de l'emploi et à la Mission Cadres-Dirigeants. Il s'agit de mettre en place à travers l'internet un service de publication des postes vacants dans toutes les administrations. L'obligation sera faite à toutes les administrations, sous la supervision des

---

- d'appartenir un corps ou cadre d'emplois dont l'indice sommital est au moins égal à la hors échelle B ou d'appartenir à un corps ou cadre d'emplois dont l'indice sommital est au moins égal à l'indice brut 966 ;
- et de justifier de huit ans de services effectifs dans un corps d'encadrement supérieur pour les emplois de sous-directeur, de directeur de projet ou d'expert de haut niveau;
- ou de justifier de dix ans de services effectifs dans un corps d'encadrement supérieur pour accéder aux emplois fonctionnels de chefs de service.

Par ailleurs, les fonctionnaires qui sont soumis à une obligation de mobilité, doivent l'avoir accomplie

Régis par le décret n°2008-382 du 21 avril 2008, les experts de haut niveau assurent des missions de conseil, d'audit ou de médiation qui requièrent une expérience diversifiée et une grande capacité d'analyse et de proposition. Ils peuvent se voir confier l'analyse d'organisations ou de méthodes de management. Ils peuvent également proposer des mesures d'adaptation et accompagner leur mise en place.

Les directeurs de projet sont chargés, quant à eux, d'animer la conduite de projets et de coordonner à cette fin l'action des services intéressés. Ces projets peuvent évoluer pendant la durée d'occupation des fonctions. Ces deux emplois sont considérés comme des emplois fonctionnels.

DRH ministérielles, de publier la liste des postes vacants.

- *Adapter la politique salariale*[318] *aux réalités socio-économiques (accès aux biens et services, à l'éducation, à la santé...), aux objectifs de meilleure allocation des ressources humaines et de lutte contre la corruption et la délinquance financière* : en France, on assiste à une volonté de réformer le mode de rémunération des agents publics. L'instauration des primes à la performance (2004, 2008 et 2014) constitue une tentative de réforme structurelle allant dans le sens d'une plus forte individualisation des salaires.
  Malgré ces réformes, le sentiment de stagnation, voire de perte de pouvoir d'achat, est très fort parmi les agents.
  Le Mali peut s'inspirer de cette expérience en analysant et évaluant dans un premier temps la politique salariale de l'Etat de 1960 à ce jour, en mettant en place un point d'indice et une grille indiciaire revalorisés et en instituant une prime de résultat collective sur la bonne gouvernance.
- *Refonder le régime indemnitaire en le rendant plus souple, plus déconcentré, et en intégrant la performance collective et individuelle*[319]. La France a instauré par le décret nº 2014-513 du 20 mai 2014, applicable à la fonction publique de l'État et de manière indirecte à la fonction publique territoriale, un nouveau régime indemnitaire composé de deux

---

[318] Régime de rémunération des fonctionnaires régit par la loi n° 67-11/ANRM du 13 avril 1967.

[319] Politique nationale de la Gestion axée sur les résultats, p.18-19 et Rapport sur la Performance de la Gestion des Finances Publiques sur la période 2013-2015 selon le cadre méthodologique PEFA 2016, annexe 2, p.34.

parties : (i) une indemnité de fonction, de sujétions et d'expertise (IFSE) versée mensuellement et (ii) un complément indemnitaire annuel (CIA) destiné à reconnaître l'engagement professionnel.

Ce régime, qui a vocation à se substituer aux différentes primes et indemnités existantes au sein de la fonction publique française, n'a pas fait l'unanimité des syndicats, certains soulignant le risque d'opacité et de mise en œuvre différenciée selon les ministères et les corps concernés. Le Mali pourrait toutefois s'en inspirer pour introduire la notion de résultats dans l'administration publique.

- *Mettre en place une doctrine unifiée d'évaluations des avantages en nature (logements, véhicules, carburants, produits alimentaires, produits d'entretien, billets d'avions, assurances…)* en vue de leur harmonisation et de leur prise en compte dans le régime des cotisations sociales : en France, une réforme a été introduite par le décret du 9 mai 2012 pour les avantages en nature dont bénéficient les agents au niveau des collectivités territoriales. Cette réforme a été renforcée par la loi n° 2013-907 du 11 octobre 2013 relative à la transparence de la vie publique qui prévoit la nécessité de prendre une délibération annuelle nominative quant à l'attribution pour les agents et les élus de ces avantages.

  Le Mali peut se servir de cette expérience française en fixant un cadre règlementaire par décret, tout en laissant une certaine autonomie aux gestionnaires (ministres, RPROG, RBOP…).
- *Mettre en place un système d'évaluation annuelle basé sur la performance et le développement des*

compétences des agents[320] : en France, l'entretien professionnel se substitue à la notation et à la procédure d'évaluation-notation qui prévalait dans la fonction publique de l'Etat jusqu'en 2010.

Le Mali peut s'inspirer de ce modèle d'évaluation en mettant en cohérence les objectifs assignés aux agents avec ceux contenus dans les projets annuels de performance.

- Redéfinir les missions des acteurs chargés de la gestion des ressources humaines de la fonction publique (DNFPP, DNFPCT, DRH, ...) pour une meilleure articulation : en France, la direction générale de l'administration et de la fonction publique (DGAFP[321]) s'occupe de concevoir et de mettre en place une politique d'ensemble de la fonction publique, les DRH et les Bureaux régionaux de la mise en œuvre.

  La Mali peut se servir de cette expérience pour clarifier les missions entre les directions centrales des ministères en charge de la fonction publique (DNFPP, DNFPCT), les DRH, les services déconcentrés de l'Etat et les collectivités territoriales.
- *Déconcentrer les organes de gouvernance paritaire*[322] *(commission administrative paritaire,*

---

[320] Politique nationale de la Gestion axée sur les résultats, p.18-19 et Rapport sur la Performance de la Gestion des Finances Publiques sur la période 2013-2015 selon le cadre méthodologique PEFA 2016, annexe 2, p.34.

[321] La direction de la fonction publique, devenue direction générale de l'administration et de la fonction publique en 1959, a été créée par l'ordonnance du 9 octobre 1945.

Un décret, en date du 22 décembre 2016, est venu consacrer le rôle de DRH de l'État de la DGAFP en renforçant sa mission de pilotage et de coordination de la politique des ressources humaines commune à l'ensemble de la fonction publique (les 3 versants).

[322] Décret n°o5-164/P-RM du 6 avril 2005 fixant les modalités d'application du statut général des fonctionnaires.

comité technique, comité d'hygiène, de sécurité et des conditions de travail) : la loi n° 2010-751 du 5 juillet 2010 relative à la rénovation du dialogue social s'est rapprochée des dispositions instaurées dans le secteur privé par la loi n° 2008-789 du 20 août 2008 portant rénovation de la démocratie sociale, en ce qui concerne la représentativité syndicale, les élections professionnelles, la validité des accords, les règles de la négociation collective et les ressources et moyens syndicaux.

Le Mali peut s'inspirer de ce modèle pour renforcer les organes de gouvernance paritaire et de leur déconcentration.

- *Automatiser le dispositif de décompte du temps de travail :* en France, les employeurs publics veillent au respect des obligations annuelles de travail de leurs agents et assurent le suivi automatisé du temps de travail.

  Le Mali peut s'appuyer sur cette expérience pour instituer une obligation des services publics et déployer un dispositif automatisé de décompte mensuel du temps de travail.

- *Mettre en place des stratégies, démarches, et outils de gestion moderne :* en France, la DGAFP a produit et mis en ligne plusieurs guides et outils de la GRH, des rapports d'études sur des thèmes spécifiques et des rapports annuels sur l'état de la fonction publique[323]. Elle a également mis en place en mars 2007 une « Ecole de la GRH » pour mutualiser les

[323] Il s'agit de guides et outils de la GRH (https://www.fonction-publique.gouv.fr/collection-outils-de-la-grh), rapports d'études sur des thèmes spécifiques(https://www.fonction-publique.gouv.fr/publications-par-themes) et des rapports annuels sur l'état de la fonction publique (https://www.fonction-publique.gouv.fr/rapport-annuel).

connaissances et les pratiques en vue de faciliter l'accès à des ressources opérationnelles en matière de GRH ou de formation.

Le Mali peut se servir de ces différentes expériences pour mettre à disposition des outils facilitant la gestion prévisionnelle des effectifs et des compétences (GPEC).

- *Responsabiliser davantage les acteurs dans la gestion de la masse salariale pour une meilleure maîtrise des effectifs et des niveaux de diplômes des agents publics :* en France, la forte déconcentration de la gestion des RH, accompagnée d'un dispositif de contrôle administratif opérationnel et d'un dispositif de contrôle juridictionnel, a contribué à mieux responsabiliser les acteurs. Ces dispositions ont permis d'amoindrir les risques d'existence d'agents fictifs et de faux diplômes dans la sphère publique.

  Le Mali peut de son côté responsabiliser davantage les acteurs dans la gestion de la masse salariale.
- *Redéfinir les modalités de congés de formation* : en France, il a été mis en place des critères stricts pour le congé de formation professionnelle et la période de professionnalisation. Ces critères portent sur la durée, les conditions d'autorisation et le financement.

  Le congé de formation professionnelle ne peut être accordé qu'après trois années de service. Sa durée maximale est de trois ans sur l'ensemble de la carrière. La professionnalisation se fait en alternance avec une activité de service. Sa durée ne peut dépasser six mois. Une convention entre le fonctionnaire et les administrations précise les fonctions auxquelles l'agent est destiné, la durée de la période de professionnalisation, les qualifications à acquérir et les actions de formation prévues.

Le Mali gagnerait à mettre en place des dispositifs de ce genre pour durcir les modalités d'octroi des congés de formation. Également, le cadre règlementaire actuel sera mis en cohérence avec les nouveaux dispositifs de formation académiques (possibilité de cours à distance ou du soir..).

- *Mettre en place une procédure d'alerte* : en France, la loi n°2016-1691 du 9 décembre 2016 relative à la transparence, à la lutte contre la corruption et à la modernisation de la vie économique (dite loi « Sapin2 ») crée un cadre juridique général pour le signalement et établit une protection du lanceur d'alerte.

  Le Mali peut s'inspirer de ce modèle pour mettre en place une procédure d'alerte.

La réussite de l'ensemble de ces réformes dépendra de la mise en place d'un pilotage stratégique pour une meilleure articulation entre réforme institutionnelle, territoriale et de la fonction publique.

4. Mettre en place un pilotage stratégique de la réforme pour une meilleure articulation des réformes institutionnelles et celles des finances publiques.

Pour la mise en œuvre des différentes réformes, différentes modalités de pilotage stratégique ont été mises en place en France.

Ainsi, pour la réforme budgétaire (2001-2005), il a été mis en place un pilotage unifié à travers une direction de la réforme budgétaire (DRB), créée pour l'occasion[324] et placée sous la tutelle du ministre de l'économie, des finances et de l'industrie, chargé de la réforme budgétaire.

La DRB, bien que disposant d'un leadership total sur l'ensemble des aspects de la réforme, a adopté un mode de fonctionnement interministériel garant de la transparence et gage de l'adhésion de l'ensemble des ministères.

D'autres instances de coordination ont été mises en place comme le comité stratégique, le comité de liaison avec la Cour des comptes, le comité de pilotage interministériel des directeurs des affaires financières des ministères, etc.

A partir des acquis de la réforme budgétaire et des deux premières réformes (RGPP et MAP), les autorités françaises ont mis en place pourle pilotage« Action Publique 2022 » : la Direction interministérielle de la transformation publique (DITP), et une mission placée auprès du Secrétaire général du Gouvernement chargée de la coordination de la mise en œuvre de la réforme (MICORE) et de l'accompagnement nécessaire avec la DITP.

Au regard de cette expérience française en matière de pilotage des réformes, il s'agit pour le Mali de créer une mission (sous forme de service rattaché) placée auprès du Secrétaire général du Gouvernement qui sera chargée de la coordination de la mise en œuvre de l'ensemble des réformes.

Cette mission pourra apporter l'accompagnement nécessaire à la CARFIP, pour le volet finances publique, au CDI, pour le volet des réformes institutionnelles, à la Direction Générale des Collectivités Territoriales, pour le volet de la décentralisation et à la Direction nationale de

---

[324] Décret n° 2003-202 du 10 mars 2003 portant création d'une direction de la réforme budgétaire au ministère de l'économie, des finances et de l'industrie.

l'Economie numérique, pour le volet transformation numérique.

De façon spécifique, il s'agit de faire évoluer le statut actuel de la CARFIP. Ainsi, elle sera érigée en Direction nationale avec des attributions élargies pour lui permettre d'avoir le leadership, les effectifs et les ressources nécessaires à la mise en œuvre de la réforme. Elle portera entièrement la réforme mais avec l'accompagnement de tous les acteurs.

Et le dispositif actuel de pilotage de la réforme des finances publiques sera renforcé à travers la création des mêmes instances de coordination mises en place dans le modèle français.

5. Repenser le dispositif de formation en lien avec le plan de communication

En France, pour atteindre un plus grand nombre de publics à moindre coût, des dispositifs de formation basés sur les techniques de l'information et de la communication ont été mis en place par divers acteurs institutionnels. Il s'agit entre autres de :

- Forum de la performance https://www.performance-publique.budget.gouv.fr/), édité par le ministère de l'action et des comptes publics pour faciliter la compréhension des procédures budgétaires et sensibiliser le public ;
- Localtis (https://www.interdoc.asso.fr/localtis-26865.html), site d'information en ligne édité par la Caisse des dépôts et consignations et consacré aux collectivités territoriales ;
- Bibliothèque des rapports publics (BRP) de la Documentation Française (https://www.ladocumentationfrancaise.fr/rapports-

publics), site permettant d'accéder à plusieurs rapports publics au format PDF. La Documentation française relève de la direction de l'information légale et administrative (DILA), placée sous l'autorité du Secrétaire général du Gouvernement.

La CARFIP doit faire évoluer son dispositif de formation et l'accompagner d'un plan de communication innovant en s'appuyant sur l'expérience française.

B. Rénover le cadre juridique communautaire

1. Elargir les autorisations d'engagement (AE) à certaines dépenses au-delà des dépenses d'investissement [325]

À travers la loi organique n°2005-779 du 12 juillet 2005 modifiant la LOLF, la France a fait le choix de modifier le régime des autorisations d'engagement (AE).

Ainsi, les AE ne sont plus valables sans limitation de durée comme l'étaient les autorisations de programmes (AP) et leur champ est étendu aux dépenses autres que celles d'investissement. Également, le principe du report des crédits de paiement en dehors exclusivement de ceux relatifs aux dépenses d'investissement a été consacré par la LOLF, avec certaines conditionnalités pour mieux l'encadrer.

L'UEMOA peut valablement s'inspirer de cette expérience française pour réviser son cadre règlementaire.

---

[325] Médé (Nicaise*), « Réflexion sur le cadre harmonise des finances publiques dans l'espace UEMOA »*, accessible sur Internet à travers l'URL http://afrilex.u-bordeaux4.fr/reflexion-sur-le-cadre-harmonise.html.

2. Introduire de nouveaux périmètres de politiques publiques au-delà du programme et en faire l'unité de vote du budget, pour élargir le pouvoir parlementaire

La LOLF, dans son article 7-I, a créé la « mission » qui est un regroupement de programmes ministériels, interministériels ou infra ministériels.

L'UEMOA peut s'inspirer de cette expérience qui permettra de rétablir l'équité ou l'équilibre en fonction de la nature de la politique publique ciblée et qui facilitera la coordination de l'action gouvernementale en amenant plusieurs ministères à travailler sur un ensemble d'activités.

3. Réformer les régimes de responsabilités des ordonnateurs et des comptables publics pour les adapter aux réalités et à l'esprit de la réforme

La France n'a pas suffisamment reformé le régime de responsabilité des ordonnateurs et des comptables publics. Les ministres et les élus locaux ne sont pas des justiciables de la Cour de discipline budgétaire et financière (CDBF) et le régime de responsabilité se rattache à leur fonction principale.

L'UEMOA, sans alléger la responsabilité des comptables publics, l'a étendue aux ordonnateurs et aux contrôleurs financiers. Seules, les questions des privilèges et des immunités pour les membres du Gouvernement et les présidents des institutions constitutionnelles ainsi que des possibilités d'allègement du régime de responsabilité des comptables publics (régime exorbitant du droit commun)[326] doivent être revus en se démarquant du modèle français.

4. L'encadrement des mesures de régulation budgétaire (des annulations de crédits et la réserve de précaution), mesure de renforcement du contrôle parlementaire

En France, l'article 14 de la LOLF impose une obligation d'information des députés et sénateurs sur tout acte ayant pour objet ou effet de rendre des crédits indisponibles. Également, les parlementaires devraient se prononcer sur la majorité ou au moins une large part, des annulations associées au collectif de fin d'année au sein même de la loi de finances rectificative. Le montant cumulé ne pourra excéder 1,5 %[327] des crédits ouverts par les lois de finances afférentes à l'année en cours[328].

L'UEMOA doit s'inspirer de cette expérience française pour mettre en place une restriction en matière de montant cumulé des annulations.

5. L'encadrement des modifications réglementaires affectant le montant des autorisations parlementaires, mesure de renforcement du contrôle parlementaire

La France a encadré l'utilisation de l'option d'ouverture de crédits par décret d'avances pour les « cas d'urgence » en imposant la consultation préalable des commissions chargées des finances du Sénat et de l'Assemblée nationale,

---

[326]Renouard(Louis), « La loi de finances rectificative du 28 décembre 2011 : évolutions de la responsabilité personnelle et pécuniaire des comptables publics », AJDA 19 mars 2012, p.536.

[327] Articles 14 et 15 de la LOLF.

[328]Mekhantar (Joël), *Finances publiques de l'Etat. La LOLF et le nouveau droit budgétaire*, Paris, hachette Supérieur, 2010, pages 119--122.

l'interdiction d'affecter l'équilibre budgétaire initial et le plafonnement du montant cumulé des crédits ouverts par décret d'avances à 1 % des crédits ouverts par la loi de finances de l'année[329].

L'UEMOA doit s'inspirer de cette expérience française pour mettre en place une restriction en matière de montant cumulé des crédits ouverts par décret d'avances.

6. L'introduction de deux dérogations au principe d'universalité : les prélèvements sur recettes et les dépenses fiscales

La France a introduit deux dérogations supplémentaires au principe de l'universalité en vue d'une meilleure lisibilité des documents budgétaires, notamment les prélèvements sur recettes (art.6 de la LOLF) et les dépenses fiscales[330].

L'UEMOA doit s'inspirer de cette expérience française pour introduire ces deux dérogations au principe de l'universalité.

7. Refonder le contrôle financier, pour un portage suffisant des nouvelles activités et une autonomie accrue des gestionnaires[331]

Depuis janvier 2006 (décret n° 2005-1429 du 18 novembre 2005), un contrôleur budgétaire et comptable ministériel (CBCM) remplace le contrôleur financier. Le CBCM est placé sous l'autorité du ministre chargé du Budget et installé au niveau central auprès des ordonnateurs principaux de l'État de chaque ministère. Au niveau déconcentré, le directeur régional ou départemental des

---

[329] Ibidem.

[330] Le Mali a réalisé et publié en 2016 une étude intitulée « Evaluation du montant et du processus d'octroi des exonérations fiscales et douanières ».

[331] Médé (Nicaise), *« Réflexion sur le cadre harmonise des finances publiques dans l'espace UEMOA »*, accessible sur Internet à travers l'URL http://afrilex.u-bordeaux4.fr/reflexion-sur-le-cadre-harmonise.html.

finances publiques (ex trésorier-payeur-général : TPG) assure la fonction de contrôleur budgétaire, de payeur et de comptable.

Le CBCM n'exerce plus aucun contrôle de régularité, y compris sur les dépenses de personnel, les gestionnaires devenant les seuls garants de la régularité juridique des actes de dépenses de personnel.

Dans le cadre de l'Action Publique 2022, les dispositifs de contrôle externe exercés par le contrôle budgétaire ont été allégés. Ainsi, les arrêtés du 28 décembre 2018 constituent une première mise en œuvre de l'« autonomie au mérite ».

Dans les pays de l'UEMOA, à cause de l'environnement de contrôle, la fusion des missions budgétaires et comptables au sein d'une même structure placée auprès de l'ordonnateur pourrait être envisagée dans l'immédiat pour faciliter l'analyse des risques (contrôle interne), l'évaluation des coûts des politiques publiques (contrôle de gestion) et la production des comptes (comptabilité générale, budgétaire et analytique).

La levée du contrôle de régularité doit s'inscrire dans une dynamique de progressivité à travers la mise en œuvre holistique des réformes institutionnelles, territoriales et de la fonction publique.

8. L'introduction de la modulation des contrôles comptables, favorable à l'autonomie des gestionnaires[332]

En France, l'évolution du contrôle opéré par les comptables publics passe par la consécration par l'article 42 du décret relatif à la gestion budgétaire et comptabilité

[332]Médé (Nicaise*), « Réflexion sur le cadre harmonise des finances publiques dans l'espace UEMOA »*, accessible sur Internet à travers l'URL http://afrilex.u-bordeaux4.fr/reflexion-sur-le-cadre-harmonise.html.

publique (GBCP)[333] de deux nouvelles procédures de contrôles, à savoir :

- le contrôle hiérarchisé de la dépense (CHD) qui vise à passer d'un contrôle *a priori* et exhaustif de la dépense vers un contrôle modulé, évolutif et proportionné en fonction des risques liés à la dépense, mais également en fonction des pratiques de l'ordonnateur ;

- et le contrôle allégé partenarial (CAP) qui vise expressément à responsabiliser l'ensemble des acteurs de la gestion publique et, tout particulièrement, les ordonnateurs.

L'UEMOA doit s'inspirer de cette expérience française pour rendre le contrôle comptable modulable selon les risques identifiés.

9. L'encadrement renforcé des notions de budgets annexes et de comptes spéciaux, source de renforcement de l'unité du budget d'État

En France, la LOLF a fortement encadré les possibilités de recours à un budget annexe qui ont été restreintes aux seules opérations résultant des activités de production de biens ou de prestations de services, et donnant lieu au paiement de redevances, lorsqu'elles sont effectuées à titre principal par ces services (article 18 LOLF).

Pour les Comptes spéciaux, leur régime a été également encadré par la LOLF afin de garantir l'équilibre entre une gestion efficace et lisible de la dépense publique et le respect de l'autorisation budgétaire du Parlement.

L'UEMOA doit s'inspirer de cette expérience française pour mieux encadrer l'utilisation des budgets annexes et des comptes spéciaux en vue de renforcer l'unité budgétaire.

---

[333] Décret n° 2012-1246 du 7 novembre 2012 relatif à la gestion budgétaire et comptable publique.

Paragraphe 2 : Améliorer le cadre de la préparation et de l'adoption du budget

Au regard de l'expérience française, l'amélioration du cadre de préparation et d'adoption du budget passera par l'amélioration de la qualité des documents budgétaires (A) et le renforcement du rôle du parlement (B).

A. Améliorer la qualité des documents budgétaires

1. Instituer des missions permanentes d'évaluation de la qualité de certains objectifs et indicateurs et de la cohérence entre certains programmes et les politiques publiques mises en œuvre

Pour renforcer la qualité du processus budgétaire, le Comité interministériel sur la réforme de l'Etat a décidé de la mise en place d'un comité interministériel d'audit (CIAP) chargé d'auditer la qualité des programmes du budget de l'État au regard des prescriptions et principes de la LOLF. Enfin, le CIAP a passé le relais au comité d'harmonisation de l'audit interne (le CHAI)[334].

Au Mali, il a été mis en place le Comité de coordination technique des réformes dans le domaine du contrôle interne[335]. Au regard de l'expérience du CIAP et actuellement du CHAI, il s'agit d'élargir ce comité à toutes les inspections ministérielles, de l'aider à élaborer des guides et autres outils d'audit des programmes.

---

[334]Suivant les dispositions du décret du 28 juin 2011 relatif à l'audit interne dans l'administration.

[335]Suivant la décision n°2015-0278/MEF-SG du 10 décembre 2015 conformément au Décret n°0339/PM-RM du 07 mai 2015 portant création, organisation et fonctionnement des systèmes de contrôle interne dans les services et organismes public.

2. **Mettre en place un organe indépendant d'évaluation de la qualité des prévisions budgétaires**

Conformément au traité sur la stabilité, la coordination et la gouvernance au sein de l'Union économique et monétaire (TSCG), la France a créé par la loi organique du 17 décembre 2012 relative à la programmation et à la gouvernance des finances publiques, le Haut Conseil des finances publiques (HCFP), institution budgétaire indépendante, pour éclairer les choix du Gouvernement et du Parlement et veiller au retour à l'équilibre des finances publiques. Etant donné que ses avis demeurent consultatifs, le HCFP a un impact limité sur la revalorisation des « deux nouveaux principes » d'équilibre et de sincérité.

Au-delà, des revues classiques faites par le FMI dans le cadre de son programme de facilités élargies de crédits (FEC), le Mali peut instituer auprès de la future Cour des comptes un tel dispositif tout en lui attribuant un pouvoir de décision et non consultatif.

3. **Améliorer la crédibilité des procédures nationales pour en faire le principal canal de financement des dépenses d'investissement**

Conformément à la déclaration de Paris de 2005 sur l'aide publique au développement, le Ministère de l'Economie et des Finances a mis en place un Secrétariat à l'harmonisation de l'aide (SHA) dont les actions doivent être renforcées à travers l'amélioration de la gouvernance, la mise en place d'un dispositif motivations/sanctions, la publication régulière des suites réservées aux actions judiciaires et l'institution d'une journée porte ouverte sur les procédures nationales.

En attendant l'aboutissement de ces actions, une mutualisation des outils de collecte de la Direction nationale de la planification du développement (DNPD) et du SHA et une adaptation du SIGD à travers un module « aide-projet » permettra la saisie détaillée des activités des programmes financées par les aides-projets pour une meilleure visibilité des financements extérieurs.

4. Mettre en place une application informatique centralisée de gestion de la masse salariale des enseignants des collectivités territoriales

En France, un projet d'opérateur national de paye (ONP) a été initié en 2007 pour moderniser et rationaliser la fonction paye des administrations d'Etat, répartie par ministère. Du fait de difficultés techniques, de pilotage et d'une dérive des coûts, ce projet n'a pu aboutir.

Le Mali dispose déjà d'une application unifiée de gestion de la paie des fonctionnaires de l'Etat auprès du Bureau Central de la Solde (service rattaché à la direction générale du budget). Pour l'élargissement aux enseignants des collectivités territoriales, il faudrait tirer les leçons de l'échec de la France[336].

5. Instituer des missions permanentes de contrôle physique du personnel en vue d'adapter les plafonds d'emplois par programme aux réalités du terrain

Depuis le début des années 2000, la DGAFP cherche à optimiser et développer les outils nécessaires à sa mission

---

[336] D'autres projets aussi, initiés au niveau de certains ministères, ont mobilisé des ressources importantes sans être couronnés de succès (Louvois au ministère des armées, Systèmes d'Information des Ressources Humaines de l'Éducation Nationale : SIRHEN à l'Éducation nationale).

de connaissance et de pilotage des ressources humaines de l'État.

Malgré l'abandon du système unifié de paie en 2017, plusieurs ministères disposent aujourd'hui d'un SIRH avec un module « paie ».

Le Mali peut s'appuyer sur cette expérience et développer un logiciel de gestion pour la fonction publique des collectivités territoriales (à défaut, étendre celui de l'éducation en développement) et assurer une interface entre cette nouvelle application avec celle de la fonction publique de l'Etat ainsi qu'avec le logiciel de paie du bureau central de la solde (BCS).

Également, il s'agira d'ouvrir l'accès de ces applications « GRH » à l'ensemble des gestionnaires pour leur permettre de savoir quels sont les effectifs émargeant sur leur budget. Ces actions faciliteront l'institution de missions périodiques de contrôle physique des agents publics.

6. Améliorer la justification au franc dans les documents budgétaires

En France, pour améliorer la qualité de la justification au premier euro (JPE), un guide méthodologique a été élaboré en 2005 pour la Loi de finances 2006.

Ce processus a été accompagné par les différentes missions d'évaluation de programme par le CIAP. Un des volets du guide d'audit du CIAP couvrait la qualité de la JPE.

Le Mali peut s'appuyer sur cette expérience pour développer des guides méthodologiques spécifiques et mettre en place la comptabilité analytique pour l'analyse des coûts des politiques publiques.

7. **Rendre effectif les cadres de concertation aux différents paliers administratifs pour une meilleure prise en compte des préoccupations des services déconcentrés et des collectivités territoriales dans le processus budgétaire**

Grâce aux recommandations des différentes missions d'audit des programmes du CIAP, le dialogue de gestion a été relativement formalisé dans la plupart des ministères, en particulier grâce à des chartes de gestion ministérielles définissant ses étapes et son contenu.

Le Mali peut se servir de cette expérience pour élaborer la charte de gestion ministérielle et dynamiser le dialogue à travers les CROCSAD/CLOCSAD/CCOCSAD.

8. **Développer des interfaces entre les systèmes d'information et améliorer leur fonctionnalité**

La France a mis en place un outil de gestion financière, budgétaire et comptable en mode LOLF, à savoir le Chorus qui est un progiciel de gestion intégrée (PGI) dont les fonctionnalités ont été adaptées pour mettre en œuvre la loi organique relative aux lois de finances du 1er août 2001 (LOLF). Le projet Chorus CAN, lancé en 2016, vise à mettre à la disposition des ministères un module Chorus de comptabilité analytique permettant de répondre aux exigences réglementaires et à des besoins de maîtrise des coûts, exprimés par les services de l'État.

Le Mali, face à l'urgence du basculement en 2018, a fait le choix d'avancer avec les applications existantes dans les différentes directions métiers du ministère chargé des finances tout en les adaptant à la même logique de performance. Il s'agit, au regard de cette expérience, d'accélérer la finalisation du logiciel comptable (AICE), de développer toutes les interfaces et d'étendre l'application à tous les gestionnaires.

B. Renforcer le rôle du parlement[337]

1. Améliorer les conditions d'organisation des Débats d'Orientation Budgétaire

En France, l'article 48 de la LOLF prévoit que le Gouvernement présente un rapport sur l'évolution de l'économie nationale et sur les orientations des finances publiques. Le contenu de ce rapport, devant faire l'objet de débat et visé à l'article 50 de la LOLF, a été progressivement amélioré. Ainsi, depuis 2013, il comporte une partie à part présentant le montant des crédits par ministère.

Pour préparer ce débat, la commission des finances de l'Assemblée nationale procède à l'audition du Premier président de la Cour des comptes, qui vient présenter le rapport de son institution sur la situation et les perspectives des finances publiques prévu par la LOLF (art. 58-3). Un rapport d'information préparatoire au débat d'orientation est aussi publié.

Ainsi, les débats d'orientation des finances publiques (pour l'année N+1) se sont régulièrement tenus à bonne date (début du troisième trimestre de l'année N) sur la base des documents élaborés par le Gouvernement. Ils sont élargis à l'ensemble des élus et se tiennent en séance publique au Parlement, puis au Sénat.

Seulement, comme dans le modèle malien, la durée reste très courte, les temps de parole strictement encadrés

---

[337] http://www2.assemblee-nationale.fr/decouvrir-l-assemblee/role-et-pouvoirs-de-l-assemblee-nationale/les-fonctions-de-l-assemblee-nationale/les-fonctions-legislatives/l-examen-parlementaire-des-lois-de-finances, consulté le 10 octobre 2019.

et les recommandations ne sont pas contraignantes pour le Gouvernement.

En plus de ces imperfections inhérentes aux deux systèmes qu'il faut corriger, le Mali peut s'inspirer du modèle français pour élargir le débat d'orientation budgétaire à l'ensemble des élus et en faire une séance publique. Également, la qualité des documents peut être améliorée à travers l'introduction de la liste des programmes, des objectifs et des indicateurs de performances qui leur sont associés.

Même si le cadre communautaire ne l'a pas prévu, il s'agit aussi de s'appuyer sur l'expérience française en organisant le DOB après une première lecture du projet de loi de règlement de l'exercice précédent (N-1).

2. Renforcer le rôle des autres commissions et faire participer les autres ministres, ordonnateurs principaux, aux séances d'adoption du budget

La loi organique (LOLF, article 39) prévoit le renvoi du projet de loi de finances à la commission des finances, mais les sept autres commissions permanentes s'en saisissent pour avis. Il est aussi mis en place des commissions élargies. Il s'agit de réunions communes de la commission des finances et des commissions saisies pour avis, en présence du Gouvernement et dans des conditions de publicité analogues à celles de la séance publique. Depuis l'examen du projet de loi de finances pour 2014, cette procédure a été généralisée.

En pratique, tous les ministres sont auditionnés par la commission des finances dans le cadre des commissions élargies ou, depuis 2018, dans celui des commissions d'évaluations des politiques publiques qui se déroulent à la fin du mois de mai.

Le Mali peut se servir de cette expérience française d'aménagement du travail législatif (règlement intérieur de l'Assemblée nationale) en vue de mettre en place des « commissions élargies » et des « commissions d'évaluation des politiques publiques », de renforcer le rôle des autres commissions permanentes et d'interroger en séance publique le ou les ministres sur les crédits de leur programme.

3. Instituer des missions permanentes d'évaluation de l'impact de l'« agencification » (opérateurs d'État) sur les politiques publiques

La France est également confrontée au phénomène d'« agencification », ce qui témoigne d'un fort démembrement des politiques publiques.

Le Gouvernement et le Parlement ont témoigné depuis plusieurs années d'une volonté commune de mieux contrôler les différents satellites de l'État. Ainsi, depuis 2008, la France a engagé des démarches de rationalisation du paysage de ces opérateurs à travers plusieurs mesures transversales (signature de contrats axés sur la performance avec l'ensemble des opérateurs, circulaire relative au pilotage stratégique des opérateurs de l'État notamment en matière d'effectifs à hauteur de 1,5% l'an, etc.). Il s'agit de l'extension aux opérateurs des règles que l'État s'impose à lui-même[338]. Également, il a été institué la conduite de 15 à 20 missions d'audit par an pour identifier les bonnes pratiques et les pistes

[338]Millard (Emmanuel), *« La nouvelle gouvernance des opérateurs de l'Etat : mise en œuvre d'un pilotage renforcé »*, Revue française d'administration publique, vol. 136, no. 4, 2010, pp. 1003-1006.

d'amélioration et pour enrichir et formaliser les contrats de performance.

Le nombre d'opérateurs de l'Etat a diminué de 25 % en dix ans, passant de 649 opérateurs en LFI 2008 à 484 en PLF 2019. Cette évolution est le résultat de différents mouvements : créations, sorties du périmètre, fusions, ré-internalisations, dissolutions.

Les recettes fiscales affectées aux opérateurs ont aussi diminué fortement, passant de de 10 Md€ en 2012 à 7 Md€ au PLF 2019, conformément à une volonté de l'État de les voir disparaître en raison des difficultés d'ordre budgétaire et de gouvernance qu'elles soulèvent, entre autres l'affaiblissement du contrôle du Parlement, l'affaiblissement de la tutelle et le renforcement du sentiment d'indépendance de l'opérateur vis-à-vis de l'État.

Le Mali a déjà entrepris des actions de rationalisation du paysage des agences à travers la signature de contrats de performance, le mouvement de centralisation de la trésorerie et la suppression de certaines taxes affectées (FAFPA, APEJ). Mais ces efforts doivent aller dans le sens de l'institution de mission d'évaluation régulière, comme pour la France.

4. Restreindre le recours aux budgets annexes et comptes spéciaux

En France, comme indiqué plus haut, la LOLF a fortement encadré les possibilités de recours aux budgets annexes et aux comptes spéciaux.La mission d'information de la commission des finances, de l'économie générale et du contrôle budgétaire, relative à la mise en œuvre de la loi organique de septembre 2019, recommande la suppression des budgets annexes et la rationalisation du nombre de comptes d'affectation spéciale.

En attendant la révision du cadre communautaire, le Mali peut réviser son cadre national dans le sens de restreindre l'utilisation des budgets annexes et des comptes spéciaux.

5. Restreindre l'utilisation des imprévus budgétaires

L'article 7-I de la LOLF prévoit expressément deux missions spécifiques constituées de dotations : la mission Provisions qui regroupe les crédits de la dotation pour dépenses accidentelles et la dotation pour mesures générales en matière de rémunérations. Dans son rapport public 2018, la Cour des comptes indique une utilisation inappropriée de la dotation pour dépenses accidentelles et imprévisibles.

Comme en France, les cadres communautaire et malien ne donnent aucune définition à la notion de « crédits globaux pour des dépenses accidentelles et imprévisibles » pour encadrer son utilisation. Donc, en attendant, la révision du cadre communautaire, le Mali peut continuer ses efforts d'inscription directe de certaines dépenses de nature récurrente au niveau des programmes concernés.

6. Renforcer le droit d'amendement

En France, la LOLF a permis l'élargissement du droit d'amendement. Ainsi, un parlementaire peut désormais prendre l'initiative de majorer les crédits d'un programme, à la condition de ne pas augmenter ceux de la mission dont relève ce programme. La LOLF proscrit toutes modifications de répartition de crédits entre missions.

Un amendement pourra aussi intervenir valablement en matière de dépenses, dans trois hypothèses : si l'amendement opère une réaffectation des crédits au sein d'un même programme, si l'amendement vise à répartir différemment les crédits entre plusieurs programmes d'une même mission ou si l'amendement vise à créer, sous réserve d'une compensation au sein de la mission, ou supprimer un programme.

En revanche, les amendements parlementaires sont irrecevables s'ils modifient la répartition des crédits entre plusieurs missions, s'ils augmentent les dépenses d'une mission ou s'ils créent une mission.

Également, la France a abandonné le principe des douzièmes provisoires. En effet, l'article 45 de la LOLF prévoit, dans le cas où la promulgation de la loi de finances avant le 1er janvier est rendue impossible par une décision du Conseil constitutionnel, que le Gouvernement dépose un projet de loi spéciale l'autorisant à continuer à percevoir les impôts jusqu'à l'adoption de la nouvelle loi de finances dont l'examen se déroulerait en parallèle.

Au regard de cette expérience française et en attendant la révision du cadre communautaire, le Mali peut réviser son cadre national en supprimant le principe des douzièmes provisoires et en adoptant de nouveaux périmètres de politiques publiques.

7. Faciliter l'exploitation des documents budgétaires

En France, la problématique[339] du volume des documents budgétaires est résolue par le niveau

[339]Lesrapports annexés aux projets de loi de finances et de règlement qui constituent le dispositif d'amélioration de la performance instauré par la LOLF (projets et rapports annuels de performances, « *jaunes* » et

d'éducation des élus dans les deux Assemblées dont plus de 70 %[340] sont diplômés de l'enseignement supérieur, par la mise en place des « commissions élargies » et des « commissions d'évaluation des politiques publiques » et par la disponibilité de plusieurs rapports de contrôle sur différentes problématiques de politiques publiques.

Le Mali doit faire des progrès en termes de représentativité des intellectuels dans l'Assemblée nationale. Il peut aussi s'inspirer du modèle des Etats-Unis où le Bureau du budget du Congrès américain (CBO), agence fédérale américaine faisant partie de la branche législative du Gouvernement des États-Unis, réunit 232 experts hautement qualifiés, principalement des économistes et des spécialistes des politiques publiques américaines.

En attendant, il s'agit de renforcer l'Unité d'analyse et d'évaluation du budget de l'Etat du Mali à l'Assemblée nationale (UNACEM-AN) en lui donnant l'autonomie et l'indépendance nécessaires et en lui facilitant l'accès aux différents rapports de contrôle et d'évaluation commandités par le Gouvernement pour améliorer le niveau d'information et de connaissance des politiques publiques.

« *documents de politique transversale* ») ont, au total, environ 20 000 pages en 2018 (contre 15 000 en 2006). Cette masse de données est considérable et la France figure parmi les pays avancés où l'information budgétaire et comptable est la plus complète et la plus fiable, mais l'OCDE souligne le risque d'une « *surabondance d'informations* » de faible utilité et non exploitées alors même que des données essentielles, sur les coûts complets des politiques publiques notamment, n'existent pas.

[340] https://www.lemonde.fr/les-decodeurs/article/2017/06/26/les-diplomes-de-grandes-ecoles-surrepresentes-a-l-assemblee-nationale_5151066_4355770.html, consulté le 08 octobre 2019.

8. Faire de la loi de règlement le véritable levier de l'évaluation de l'action gouvernementale

Depuis 2018, un « Printemps de l'évaluation[341] » a été mis en place par la commission des finances consistant en l'évaluation, par chaque rapporteur spécial, d'une politique publique relevant de son champ de compétence. Ce temps consacré à l'évaluation se double de l'audition de chaque ministre en commission pour une justification de l'exécution des crédits.

Cet exercice reste handicapé par certaines insuffisances, entre autres l'inadéquation de l'évaluation avec la temporalité immédiate imposée au politique, le faible intérêt des médias, des politiques et du grand public, la méconnaissance de certains rapports, etc.

Il s'agit pour le Mali de se saisir de cette expérience française pour instituer une semaine de l'évaluation des politiques publiques au niveau de l'Assemblée nationale en cohérence avec le cycle d'analyse et d'adoption de la loi de règlement.

Section 2 : Renforcer les cycles de l'exécution, de la comptabilité et du contrôle

Comparativement au modèle français, l'amélioration des cycles de l'exécution, de la comptabilité et du contrôle

---

[341] Cette nouvelle organisation permet de renforcer la logique de responsabilisation des ministres, qui rendent compte de l'exécution des crédits de façon plus approfondie qu'auparavant, et contribue à la diffusion de la culture de l'évaluation au sein de la commission des finances. Ce dispositif permet également de rééquilibrer les temps d'examen dédiés à la prévision et à l'exécution. Ainsi, en commission, le temps consacré à l'analyse de la gestion budgétaire et à l'évaluation des politiques publiques s'est élevé à 36 heures et 35 minutes en 2019 (34 heures et 30 minutes en 2018) contre 3 heures 30 minutes en 2017 avant la mise en place du Printemps de l'évaluation. En séance, les débats relatifs au projet de loi de règlement se sont étalés sur trois jours et ont duré 19 heures et 15 minutes contre 4 heures et 44 minutes en 2017.

passera par l'accélération de l'affirmation des gestionnaires dans leurs nouveaux rôles (paragraphe1), l'accélération de la réforme de la comptabilité patrimoniale et le renforcement du dispositif de contrôle (paragraphe 2).

Paragraphe 1 : Accélérer l'affirmation des gestionnaires dans leurs nouveaux rôles

Au regard de l'expérience française, l'affirmation des gestionnaires dans leurs nouveaux rôles passera par la garantie de leur autonomie (A) et la création des conditions d'une meilleure appropriation des outils de pilotage, de suivi et d'évaluation (B).

A. Garantir l'autonomie des gestionnaires

1. Mettre la performance au centre de la préparation budgétaire[342]

En France, le processus d'élaboration ministérielle d'un budget fait intervenir les principales fonctions suivantes : (i) ministre, (ii) responsable de la fonction financière ministérielle (RFFIM), (iii) responsable de programme (RPROG), (iv) responsable de budget opérationnel de programme (RBOP), (v) contrôleur budgétaire (CB), (vi) direction du budget (DB).

Pour la prise en compte du volet performance dans le cycle budgétaire, la direction du budget (DB) a institué des conférences de performance en prélude aux travaux budgétaires. Ces conférences sont l'occasion d'échanges approfondis sur : (i) l'analyse des résultats de l'année N-1 ;

[342]https://www.performance-publique.budget.gouv.fr/sites/performance_publique/files/files/documents/gestion_publique/referentiels/macroprocessus/MP1-elaboration-ministerielle-budget.pdf#page=17&zoom=100,0,121, consulté le 10 octobre 2019.

(ii) la pertinence des indicateurs et leur évolution éventuelle ; (iii) leur utilisation dans le pilotage des services ; (iv) le niveau des prévisions et des cibles et les leviers d'action ; (v) les réformes structurelles à l'étude.

Également, les profils ont été diversifiés permettant à la direction d'accueillir des fonctionnaires titulaires expérimentés, ayant déroulé une première partie de carrière en tant qu'ingénieur, administrateur territorial, directeur d'hôpital, magistrat, etc.

Malgré ces changements en France, la place laissée à la performance lors des allocations budgétaires reste marginale.

Au Mali, pour la prise en compte de la performance dans le cycle budgétaire, il sera nécessaire de réformer les dispositifs actuels en place (revues sectorielles) en vue d'instituer auprès de la direction générale du budget des conférences de performance sur la base des RAP et des prévisions pour les années suivantes qui seront des annexes du document soumis au DOB.

Pour renforcer la direction générale du budget, une réforme sera nécessaire pour adapter ses missions et son organisation aux enjeux de la réforme, notamment par l'ouverture du cadre organique à d'autres profils (économistes de la santé et l'éducation, ingénieurs, ...).

2. Dynamiser le dialogue de gestion pour un meilleur pilotage du programme

En France, plusieurs guides spécifiques[343] ont été élaborés pour accompagner le dialogue de gestion et des

---

[343]https://www.performance-publique.budget.gouv.fr/sites/performance_publique/files/files/documents/gestion_publique/gestion_budgetaire/BOP/BOP_guide_012005.pdf, consulté le 10 octobre 2019.

orientations[344] ont été données pour les modalités de désignation des différents acteurs. Ainsi, Il est recommandé que le ministre désigne le RFFIM et les RPROG relevant de son périmètre par un arrêté non nominatif et publié au JO mais que le RBOP et le RUO soient désignés par le RPROG.

Également, la cartographie des BOP et des UO est actualisée chaque année en fonction de la liste et du périmètre des programmes et de la répartition des acteurs de la gestion budgétaire.

Malgré ces changements importants, le dialogue de gestion souffre de certaines insuffisances en matière d'affirmation des responsabilités des acteurs.

Néanmoins, le Mali peut s'appuyer sur ce modèle pour dynamiser le dialogue de gestion dans les programmes en finalisant la cartographie des programmes (RBOP et RUOP), en définissant des critères et en désignant formellement les RBOP et RUOP. Il s'agit également d'harmoniser les cycles des concertations régionales et locales avec le cycle budgétaire, de dynamiser les organes de concertation régionaux par un financement conséquent et de sursoir au fléchage des crédits au niveau déconcentré.

3. Renforcer le contrôle sélectif conformément à l'esprit de la réforme

En France, les CBCM ont évalué les dispositifs de contrôle interne et soumis des arrêtés spécifiques relatifs au contrôle sélectif applicable à chaque programme ministériel.

[344]https://www.performance-publique.budget.gouv.fr/sites/performance_publique/files/files/documents/gestion_publique/cadre_gestion_budgetaires/referentiels/RRCB_partie-3_09022015_glossaire.pdf, consulté le 10 octobre 2019.

Le Mali doit s'appuyer sur les cartographies des risques élaborées par le CGSP en vue d'élaborer des arrêtés spécifiques de contrôle sélectif par programme ministériel.

4. Supprimer les contrôles de légalité redondants

En France, le contrôle *a priori* pour la légalité de la procédure n'existe plus pour les marchés passés par l'État, mais ce principe a été maintenu pour les marchés passés par les collectivités territoriales à partir de certains seuils. De même, le CBCM (ex-contrôle financier) n'assure aucun contrôle de régularité sur les marchés publics et n'est plus signataire des contrats. Il est cependant à déplorer l'extension du domaine des procédures négociées et de dialogue compétitif au détriment des procédures d'appel d'offres.

Bien que tous les aspects de cette réforme ne soient pas envisageables dans l'immédiat à cause de l'environnement de contrôle dans les pays de l'UEMOA, il s'avère nécessaire de supprimer le contrôle redondant des marchés publics (contrôle financier et cellules de passation des marchés).

Également, le chantier de relecture des textes de passation des marchés publics engagés pour donner plus de place aux nouveaux acteurs (RPROG, RBOP,...) doit être poursuivi.

La levée absolue de tout contrôle de légalité et de régularité sur les marchés publics, au regard du modèle français et à travers la responsabilisation entière des gestionnaires, doit s'inscrire dans une dynamique de progressivité.

5. Innover les textes relatifs au pilotage des dépenses de personnel et à la gestion des ressources humaines

En France, il est prévu la transmission par les responsables de programme d'un document spécifique intitulé « Document prévisionnel de gestion des emplois et des crédits de personnel ». Les éléments suivis lors des différentes phases (budgétisation, exécution, consolidation) sont notamment : (i) l'effet du schéma d'emplois, (ii) le glissement vieillesse technicité (GVT) négatif, (iii) le GVT positif, (iv) les mesures générales, et (v) les mesures catégorielles.

Cette expérience peut servir le Mali en responsabilisant les gestionnaires dans la gestion des effectifs et de la masse salariale.

6. Améliorer la gestion de la trésorerie pour une bonne mise en œuvre des activités

La France a créé à partir de 2001 l'Agence France Trésor (AFT) qui a pour mission de gérer la dette et la trésorerie de l'État au mieux des intérêts du contribuable et dans les meilleures conditions possibles de sécurité. Cette structure est chargée de pourvoir aux besoins de trésorerie de l'État pour honorer l'ensemble de ses engagements financiers.

Malgré cette réforme en France, il a été constaté que la gestion de la trésorerie ne procède pas d'un véritable pilotage et que ses enjeux ne sont que trop rarement intégrés par les différents acteurs de la chaîne de la dépense et de la recette de l'Etat.[345]

---

[345]https://www.ccomptes.fr/sites/default/files/EzPublish/3-gestion-de-la-tresorerie.pdf, consulté le 08 octobre 2019.

Au Mali, la mise en place d'une institution nouvelle peut s'inscrire dans une perspective à long terme.

Dans l'immédiat, il s'agit d'engager des actions fortes dans le sens d'améliorer la qualité des prévisions tant au niveau des structures de recettes que des structures de dépenses. Les outils (plan de recettes, d'engagement, de passation des marchés et de trésorerie) doivent être mis en cohérence, informatisés et les applications informatiques interfacées (SIGD via le SIGMAP, AICE).

La mise en place du « compte unique » doit être accélérée et le respect des programmations de dépenses établi à travers le plan de passation des marchés et le plan d'engagement.

7. Lever les obstacles à la délégation de pouvoir

La France n'a pas fixé de conditionnalités (compétences techniques, managériales etc.) à la délégation de pouvoir, se contentant de définir la qualité d'ordonnateur et les critères pour leur désignation. Mais, pour accompagner ce processus, elle a engagé une réforme des responsables des affaires financières en recentrant leurs missions sur l'appui-conseil aux responsables de programme, la consolidation des données et la mise en place du contrôle interne.

Le mécanisme adopté par l'UEMOA mérite d'être clarifié pour une cohérence d'ensemble et la levée de toute conditionnalité à la délégation de pouvoir, au regard du modèle français, doit s'inscrire dans une dynamique de progressivité et de mise en œuvre holistique des réformes institutionnelles, territoriales et de la fonction publique.

8. Faciliter le redéploiement des dépenses de personnel vers les dépenses de fonctionnement

En France, la Cour des comptes estime dans son rapport annuel de 2008 que « la fongibilité asymétrique a quasiment disparu ».

Le Mali, pour éviter les mêmes écueils que la France, peut aller à une responsabilisation progressive des gestionnaires tout en mettant en place des contrôles applicatifs dans le SIGD en les accompagnant d'orientations claires (par lettre circulaire ou guides).

B. Créer les conditions d'une meilleure appropriation des outils de pilotage, de suivi et d'évaluation

1. Développer des stratégies pour la mise en place des lettres de missions et des contrats de performance

En France, pour le pilotage par la performance, les lettres de mission et les contrats de performance ont fait l'objet de circulaires du ministre du budget, des comptes publics et de la fonction publique (circulaire du 8 octobre 2007[346]) mais également du Premier ministre (circulaire du 26 mars 2010[347]).

---

[346]En effet, la circulaire budgétaire du 8 octobre 20072007, applicable aux établissements publics administratifs de l'État, prévoit en ce sens que la part variable « tient compte des résultats obtenus au regard des objectifs annuels notifiés à l'intéressé et d'une appréciation portée sur ses compétences personnelles et sur le fonctionnement de l'établissement ou de l'organisme ». Il est précisé que le PAP constitue l'une des « principales sources où sont puisés les objectifs assignés au dirigeant ».

[347]Et la circulaire du Premier ministre du 26 mars 2010 engage les tutelles à élaborer des contrats de performance avec les opérateurs, fixant leurs priorités et leurs objectifs. Pour cela, une lettre de mission doit notamment être adressée par le ministre de tutelle au dirigeant de l'établissement, définissant les indicateurs de performance à partir desquels sera calculée la part variable de la rémunération du dirigeant et de l'équipe de direction.

Ainsi, des lettres de mission ont été adressées par les ministres aux responsables de programme et des contrats de performance ont été signés entres les opérateurs de l'Etat et leur tutelle.

Mais la Cour des comptes[348] a déploré le manque de cohérence entre d''une part, les objectifs et les indicateurs fixés par les ministres à travers les lettres de missions et les contrats de performance et d'autre part, les objectifs présentés au Parlement dans le cadre des projets annuels de performances.

Le Mali peut se servir de cette expérience en veillant à la cohérence entre les objectifs des lettres de missions et des contrats annuels de performance avec ceux contenus dans le PAP.

De même, pour accélérer la mise en œuvre de ce dispositif, la direction générale du budget peut conditionner l'ouverture de certaines lignes de dépenses en début d'année à la transmission des lettres de missions adressées à l'ensemble de la chaine de pilotage du programme (RPROG, RBOP, RUOP...). Également, les responsables doivent veiller à ce que les contrats annuels de performance soient approuvés par les conseils d'administration des opérateurs de l'État.

---

[348] Rapport public thématique sur la mise en œuvre de la loi organique relative aux lois de Finances (LOLF) : Un bilan pour de nouvelles perspectives, Cour des Comptes, novembre 2011.

2. **Développer des stratégies pour la disponibilité et la qualité des rapports de suivi trimestriels et des rapports annuels de performance et instituer un débat public sur les rapports annuels de performance**

En France, la production des rapports de suivi trimestriels et des rapports annuels de performance a été favorisée par les mécanismes de suivi mis en place, notamment les différentes missions d'audit des programmes du CIAP qui ont permis d'évaluer les dispositifs et de faire des recommandations. Des fiches de suivi pour chaque indicateur et un guide détaillé ont été élaborés pour définir les rôles et responsabilités de chaque acteur avec un calendrier précis.

Dans le cadre de la préparation de la conférence de performance et conformément au guide d'élaboration ministérielle du budget, il a été institué des discussions internes élargies à la société civile sur les rapports annuels de performance.

Le Mali peut se servir de cette expérience en mettant au centre du processus budgétaire interne ministériel la production et l'exploitation des données d'exécution de l'exercice écoulé (RAP). Il s'agit de faire du RAP une exigence pour les conférences de performance devant se tenir à la direction générale du budget.

Paragraphe 2 : Accélérer la réforme de la comptabilité patrimoniale et le renforcement du dispositif de contrôle

Au regard de l'expérience française, la disponibilité des états financiers de l'Etat dans un environnement de contrôle favorable passera par l'accélération de la réforme de la comptabilité patrimoniale (A) et le renforcement du dispositif de contrôle (B).

A. Accélérer la réforme de la comptabilité patrimoniale

1. Renforcer le niveau de portage des instances de réforme comptable instituées auprès de la Direction en charge de la comptabilité publique

En France, avant même la promulgation de la LOLF, le directeur général de la comptabilité publique (DGCP) notait que « la réforme comptable ne saurait se concevoir de manière isolée », puisqu'elle « n'a réellement de sens qu'insérée dans un processus global dont les grandes orientations sont (...) la budgétisation orientée vers les résultats (...) [et] la responsabilisation des gestionnaires »[349].

Ainsi, il a été créé le service de la Fonction comptable de l'Etat (FCE) au sein de la DGCP pour le pilotage de la réforme comptable. Le SFCE a mis en place une démarche interministérielle en lien avec les ministères et sur la base des protocoles, des feuilles de route et des comités interministériels de pilotage[350].

Les principales options arrêtées et mises en œuvre par les acteurs de la réforme ont trait à : l'expérimentation, la démarche de trajectoire, la clause de réserve informatique et la formation.

---

[349]Basseres (Jean), directeur général de la comptabilité publique, Intervention au 2e forum international de la gestion publique, 18 décembre 2000, publiée dans la Revue du Trésor, n° 3-4, mars-avril 2001..

[350]Ninu(Jean-Louis),(Toulgoat) Gilbert, *La mise en place des services de contrôle budgétaire et comptable ministériel : une création justifiée et une mise en place rapide*, La Revue du Trésor, n° 7, 2006, p. 523-526.

Ainsi, avec l'entrée en vigueur de la LOLF en 2006, la nouvelle comptabilité publique s'imposait dans toutes ses dimensions, notamment la certification des comptes.

Le Mali peut s'appuyer sur cette démarche pour repenser le dispositif de pilotage en le transformant en comité interministériel élargi à tous les acteurs. La mise en œuvre opérationnelle reviendra à une équipe dédiée qui sera mise en place au sein de la DNTCP. Il s'agira aussi d'adopter un pilotage basé sur l'expérimentation, la démarche de trajectoire, la clause de réserve informatique et la formation.

Enfin, le Conseil National de la comptabilité doit être opérationnalisé[351] et l'organisation actuelle de la DNTCP doit être repensée en créant des services comptables ministériels en lieu et place de la Paierie Générale du Trésor (PTG) et en transférant certaines prérogatives de l'Agence comptable centrale du trésor (ACCT).

2. Rendre opérationnel le système d'information comptable

L'enjeu du système d'information découlant de la nouvelle architecture budgétaire et comptable a nécessité la création d'un service dédié à cette problématique appelée d'abord Service à compétence nationale ACCORD[352], puis Agence pour l'informatique financière de l'État (AIFE) en 2005.

---

[351] Prévu par les textes (décret n°95-319 du 12/09/1995), il n'a pas été réellement opérationnel. Ainsi, par le décret n°2019-0069/P-RM du 07 février 2019, il a été rattaché au ministre chargé des finances.

[352] Du nom du progiciel de gestion prévu à l'époque : « Application coordonnée de comptabilisation, d'ordonnancement et de règlement de la dépense de l'Etat ».

A la suite de l'abandon du projet ACCORD 2 en 2004 au profit de l'initiative « palier 2006[353] », le système cible « Chorus », progiciel de gestion intégrée de l'État, est entré en production définitivement en 2012 par la bascule comptable totale et continue d'évoluer sur la base d'un cycle annuel et des propositions des utilisateurs.

Les événements saisis dans Chorus concernent la comptabilité générale, la comptabilité budgétaire et la comptabilité d'analyse des coûts. Ils sont gérés automatiquement. Le projet Chorus CAN, lancé en 2016, vise à mettre à la disposition des ministères un module de comptabilité analytique permettant de répondre aux exigences réglementaires et à des besoins de maîtrise des coûts exprimés par les services de l'État. À cet effet, il a été mis en place une démarche participative associant l'ensemble des parties prenantes basée sur la recherche permanente de consensus autour des actions.

Le Mali peut s'inspirer de ce modèle pour accélérer la finalisation de certaines fonctionnalités d'AICE 2, son déploiement auprès de tous les postes comptables et de tous les ordonnateurs, ainsi que son interfaçage avec les autres applications relatives aux recettes et à la comptabilité-matières. Donc, le processus doit être ouvert à l'ensemble des acteurs de la dépense publique pour une meilleure prise en compte des préoccupations.

---

[353]Une solution transitoire consistant, d'après la Cour des comptes, à effectuer une transformation à minima des applications existantes pour appliquer la LOLF en 2006.

3. Engager un recensement[354] des biens mobiliers, immobiliers et des engagements hors bilan de l'État

En France, le recensement des biens mobiliers et immobiliers et des engagements hors bilan de l'Etat a nécessité une réorganisation des services des gestionnaires[355] (DGFIP, CBCM, DR/DDFIP). Des chefs de projets et correspondants ont été désignés dans certains domaines spécifiques et les procédures ont été revues pour tenir compte des exigences des nouvelles responsabilités comptables.

Enfin, il été retenu comme démarche que les états financiers produits les premières années ne pourront contenir que les éléments significatifs des travaux d'inventaires en attendant leur maîtrise par les différents acteurs.

Malgré ces grands efforts, la Cour des comptes a fait en 2007 de nombreuses réserves sur les états financiers de l'État à cause de la problématique du correct recensement des biens mobiliers, immobiliers et des engagements hors bilan.

Le Mali peut s'appuyer sur cette expérience, pour parachever son dispositif juridique par la prise de l'arrêté d'application du nouveau décret[356]sur la comptabilité-

---

[354] Il s'agit d'une étape importante de la mise en place de la comptabilité patrimoniale. Une commission technique a été créée pour le recensement et la valorisation du patrimoine de l'Etat. De même, des assistances techniques, notamment d'AFRITAC de l'Ouest, ont été reçues dans ce cadre.

[355] Désignation d'un « Responsable d'inventaire », interlocuteur unique du comptable chargé des dossiers de clôture de l'exercice. En plus de la centralisation des données, ce dernier veille à leur fiabilisation avant transmission au comptable public. Sa responsabilité dans cette mission est matérialisée par une « déclaration de conformité » qu'il joint à chaque dossier envoyé au comptable assignataire des opérations d'inventaires.

[356] La Comptabilité-matières est régie par le décret n°2019-119/P-RM du 22 février 2019 et assurée par des bureaux comptables (Secondaires =

matières mettant en place le principe de déclaration de conformité pour tout élément inventorié.

Il s'agit aussi d'améliorer la fonctionnalité du logiciel de comptabilité-matières, à travers son interfaçage avec le SIGD ainsi que son extension à tous les ordonnateurs[357], de développer un guide méthodologique détaillé et illustré des travaux d'inventaire et d'opter pour une démarche d'inventaire progressive en ciblant dans un premier temps les éléments significatifs du patrimoine de l'Etat.

4. Adopter une stratégie de valorisation des biens mobiliers, immobiliers et des engagements hors bilan de l'État pour le bilan d'ouverture

Conformément à la démarche dite de trajectoire, la France a opté pour une méthode de recensement et de valorisation des différents postes du bilan d'ouverture basée sur le « caractère significatif des données disponibles ».

Le Mali peut s'appuyer sur cette expérience pour identifier la méthode de recensement et de valorisation à utiliser et renforcer (mise en place d'équipe de projet ministérielle) la commission technique[358]créée pour le recensement et la valorisation du patrimoine de l'Etat.

5. Améliorer l'utilité de la comptabilité patrimoniale[359]

La France aussi demeure confrontée à la problématique de l'utilité de la comptabilité patrimoniale et à celle de la

---

Administrateur de Crédits, Principaux= Gestionnaires de Crédits et Centralisateur= DGABE).

[357] Système d'information en comptabilité-matières (SICOMAT).

[358] Décision n°2019-0016/MEF-SG du 14 février 2019 portant création du comité technique de la détermination du bilan d'ouverture pour la mise en œuvre de la comptabilité d'exercice.

[359]Kott (Sébastien), *« Comptabilité publique et reddition des comptes de l'État »,* Revue française d'administration publique, vol. 160, no. 4, 2016, pp. 1065-1078.

certification des comptes par la Cour des comptes. Ainsi, la Cour des comptes, dans son rapport thématique 2016 intitulé « la comptabilité de l'Etat 10 ans après » a formulé une série de recommandations pour améliorer l'utilité de la comptabilité générale.

Certaines de ces recommandations peuvent servir le Mali. Il s'agit de : (i) engager dans plusieurs ministères pilotes une phase d'expérimentation visant à la diffusion systématique de restitutions comptables correspondant à leur périmètre de responsabilité ; (ii) définir une stratégie de développement de l'utilisation de la comptabilité générale de l'Etat, assortie d'objectifs mesurables et donnant lieu à une présentation annuelle aux assemblées parlementaires ; (iii) développer la comptabilité analytique dans les services gestionnaires.

B. Renforcer le dispositif de contrôle

1. Mettre en place un dispositif fonctionnel de contrôle interne et de contrôle de gestion au niveau des programmes

En France, le contrôle interne est une activité ancienne au sein de l'État, même si sa formalisation est intervenue récemment. Le décret n° 2011-775 du 28 juin 2011, malgré son objet restrictif (décret sur l'audit interne dans l'administration), porte autant sur le contrôle interne que sur l'audit interne.

Ce décret est accompagné de deux arrêtés relatifs au cadre de référence interministériel du contrôle interne comptable (arrêté du 31 décembre 2013) et au cadre de référence des contrôles internes budgétaire et comptable (arrêté du 17 décembre 2015).

Ce dispositif règlementaire institue le contrôle interne dans l'administration et met à disposition plusieurs outils (le cadre de référence de l'audit interne dans l'administration, le guide méthodologique sur la conduite des audits relatifs à la performance de programmes, de processus, d'activités ou de structures, etc.).

La Cour des comptes dans son rapport intitulé « la maîtrise des risques financiers et le contrôle interne dans les services de l'état » a soulevé certaines insuffisances de ce dispositif et a recommandé de rassembler les démarches, d'intégrer les activités opérationnelles dans le dispositif de maîtrise des risques, de privilégier une approche pragmatique dans le déploiement, de simplifier les outils et d'accompagner les gestionnaires dans le déploiement.

En ce qui concerne le contrôle de gestion, son développement dans l'ensemble des ministères et sa coordination s'appuient sur un réseau interministériel d'experts et de praticiens animé par la direction du budget et comprenant : (i) le Comité de coordination du contrôle de gestion (C3G) et (ii) les Plénières du contrôle de gestion.

Plusieurs outils ont été déployés (lettre de mission du contrôle de gestion, guide méthodologique du calcul de coût d'une prestation, guide pratique de la mesure du temps, etc.).

Le Mali peut s'appuyer sur ce modèle en ouvrant le Comité de coordination technique des réformes dans le domaine du contrôle interne à toutes les inspections ministérielles. Il est nécessaire aussi de constituer une équipe chargée d'animer le développement des deux dispositifs (contrôle interne et contrôle de gestion) au niveau ministériel, en désignant un responsable de projet, en fixant clairement les objectifs et les étapes et en dégageant les moyens nécessaires, y compris humains.

2. Renforcer les capacités des structures de contrôle interne *a posteriori* (Inspections ministérielles et Contrôle général des Services Publics)[360]

En France, certaines inspections générales ont une origine souvent ancienne, dont elles tirent au demeurant une fierté évidente. Les membres de ces inspections disposent, dans la grande majorité des cas, d'un statut particulier au sens juridique du terme. Les perspectives d'évolution de carrière sont-elles même liées à l'ancienneté, au développement des compétences et au rendement en termes de missions réalisées et de qualité des rapports. Un dispositif de mentorat est mis en place avec des programmes de formation bien adaptés pour accompagner les nouvelles recrues. Plusieurs outils et guides sont développés et mis à disposition pour orienter les missions.

Le Mali peut s'inspirer de ce modèle en mettant en adéquation les ressources matérielles et financières avec les programmes d'activités annuels de ces structures et en mutualisant les efforts en termes de production de guides et d'outils de contrôle.

Dans le moyen terme, il s'agit de conférer un statut particulier à chacune de ces structures pour les rendre plus attractives.

3. Renforcer les capacités des structures de contrôle interne *a priori*

En France, avec l'avènement de la LOLF, le contrôle *a priori* des marchés publics a connu une évolution significative. Les nouveaux régimes de passation de marchés

---

[360] Pissaloux (Jean-Luc),*« Les inspections générales au sein de l'administration française : structures, fonctions et évolution »*, Revue française d'administration publique, vol. 155, no. 3, 2015, pp. 601-622.

exemptent les gestionnaires de tout contrôle *a priori* de légalité (à l'exception des collectivités territoriales pour certains seuils). Également, la réforme du contrôle financier a vu la mise en place du CBCM qui ne dispose plus d'un pouvoir de contrôle de régularité sur les dépenses publiques. De même, au niveau du comptable public, il a été institué des contrôles modulables (CHD et CPD).

Dans l'immédiat, le Mali ne peut pas aller dans le sens de la levée absolue du contrôle *a priori*. Cette mesure doit être la résultante de la série de réformes à conduire à tous les niveaux.

Mais pour déjà soulager le contrôle *a priori*, il sera souhaitable de mettre en place les mesures déjà préconisées (mise en place d'arrêtés spécifiques du contrôle financier modulable basés sur la cartographie des risques, mise en place du contrôle comptable modulable et du contrôle a priori modulable des marchés publics).

Également, il s'avère nécessaire de faire évoluer les applications informatiques en place pour rendre certains contournements impossibles et de mettre en adéquation les ressources matérielles et financières avec les objectifs assignés.

4. Accélérer la création de la Cour des Comptes en lieu et place de la Section des Comptes

En France, le dispositif fonctionnel des juridictions financières est basé sur la Cour des comptes, créée le 16 septembre 1807 par Napoléon 1er, et les chambres régionales et territoriales des comptes (CRTC), créées lors du mouvement de décentralisation, en 1982, en contrepartie de la libre administration accordée aux collectivités territoriales.

Le Mali pourrait bien s'inspirer de cette expérience en créant une Cour des comptes avec des chambres régionales des comptes, tout en évitant les insuffisances, notamment : (i) la superposition des statuts de magistrat (Cour des comptes et CRTC) ; (ii) la faible autonomie de gestion des CRTC ; (iv) la faible responsabilité des ordonnateurs devant la CDBF; (v) la dualité du pénal et du civil.

5. Réorganiser les structures de contrôle

En France, chaque ministère dispose d'une inspection avec un contrôle juridictionnel exercé par la Cour des comptes et les Chambres régionales et territoriales des comptes.

Le Mali peut bien se servir de cette expérience pour réorganiser les structures de contrôle interne et externe *a postériori*.

Pour les structures de contrôle interne *a posteriori*, il s'agit dans l'immédiat d'élargir le cadre de concertation « CGSP/Inspections ministérielles » aux autres structures du ministère chargé des finances qui exercent également un contrôle a posteriori, à savoir la DNPD (pour les investissements), la DGMP-DSP (pour les marchés publics), la DGABE (pour le patrimoine de l'Etat), la DNTCP (pour le contrôle des régies et des comptables publics) et la DNCF (pour l'évaluation du contrôle interne et la performance des programmes).

En ce qui concerne les structures de contrôle externe a postériori, il s'agit dans un premier temps de mettre en application à travers la réforme constitutionnelle une des trois options[361] proposées dans le cadre de l'étude

[361] Options proposées par l'étude : création d'une Cour de Comptes avec intégration du BVG à la Cour des Comptes, maintien du BVG avec revue de

commanditée en 2014 par rapport au positionnement du BVG et la future Cour des comptes. L'option la plus souhaitable est celle d'intégrer le BVG à la future Cour des comptes pour accélérer la montée en puissance de cette nouvelle institution. Et enfin, une synergie globale doit être trouvée entre toutes ces structures et l'ARMDS, chargée de l'audit annuel des marchés publics.

6. Renforcer le contrôle parlementaire

En France, le Parlement dispose depuis février 1999 d'une mission d'évaluation et de contrôle (MEC) créée au sein de la commission des finances[362].Le principe de la mission d'évaluation et de contrôle a été transposé en 2004 aux activités de Sécurité sociale avec la création, sur les mêmes principes que la MEC, de la mission d'évaluation et de contrôle des lois de financement de la Sécurité sociale (MESCSS).

Également depuis 2009, un comité d'évaluation et de contrôle des politiques publiques a été mis en place pour coordonner et piloter les travaux parlementaires en matière d'évaluation et d'études d'impact (article 146-2 et s. du règlement de l'Assemblée nationale) et de réaliser des évaluations transversales.

Mais, plusieurs missions ont échoué et les recommandations sont restées « lettre morte ».

Contrairement à la France, il s'agit à moyen terme pour le Mali de s'inspirer du modèle des États-Unis, à travers le Bureau du budget du Congrès américain (CBO). Mais avant, il faudrait renforcer l'unité d'analyse et d'évaluation du

son champ d'intervention, redéfinition de ses missions et son rattachement au Parlement ou à la Présidence (Pages 10-14 du rapport).

[362]Catteau (Damien), *Finances Publiques. Droit budgétaire et Comptabilité Publique 2018-2019*, Paris, hachette Supérieur, 5ème édition, 2019, pp.148-149.

budget de l'État du Mali à l'Assemblée nationale (UNACEM-AN) en termes de moyens matériels et humains.

7. Revoir les conditions d'organisation des missions d'audit pour une meilleure efficacité des rapports d'audit et de contrôle

La France est elle aussi confrontée à la difficile conciliation des programmes de contrôle et d'audit avec le turn-over des ordonnateurs. Pour y remédier, les missions de contrôle et d'audit programmées couvrent en général les périodes de gestion de l'ancien et du nouvel ordonnateur auxquels sont adressés les rapports provisoires et dont les observations sont annexées aux rapports définitifs.

Le Mali peut s'inspirer de ce modèle pour que les structures de contrôle intègrent dans leur démarche méthodologique la saisine des deux ordonnateurs (ancien et nouvel) durant tout le processus de contrôle.

8. Rendre plus efficace le contrôle citoyen

En France, Il n'existe pas un cadre juridique qui rassemble toute la société civile dans un organe unique comme interlocuteur du Gouvernement. Le choix a été de mettre le numérique au cœur de la transformation de l'État. Ainsi, une politique ambitieuse d'ouverture des données a été déployée à travers la mise en place de plusieurs sites[363]

---

[363] Au-delà des sites déjà susmentionnés, il s'agit ici de :

- Annuaire de l'administration publique (https://lannuaire.service-public.fr//), avec l'ensemble des adresses des services publics ainsi que des agents publics. Il permet de faciliter considérablement les contacts et rapproche les services publics des usagers.
- Service-public (https://www.service-public.fr/), dédie à l'ensemble des démarches administratives auprès des administrations publiques. Il permet aux usagers des services publics d'être informés sur chaque démarche à entreprendre, les différentes étapes ainsi les pièces à fournir.

pour faciliter les rapports entre l'administration et les usagers, mais également pour contribuer à rendre les données publiques accessibles. La liberté de la presse a été renforcée et d'importants appuis[364] sont consentis par l'Etat. Les rôles et responsabilités des autorités traditionnelles et religieuses sont fixés dans un régime juridique spécifique.

Le Mali peut s'inspirer de ce modèle pour faciliter l'accès aux informations à travers le développement du numérique. Il s'agit aussi de prendre certaines mesures allant dans le sens d'une meilleure protection juridique des activités de presse et d'un renforcement de capacité, de même qu'il faut instituer de nouvelles règles de gouvernance avec les autorités traditionnelles et religieuses.

9. Renforcer la lutte contre la corruption et l'enrichissement illicite[365]

En France, les lois relatives à la transparence de la vie publique, adoptées le 17 septembre 2013, sont suivies de la création de la Haute Autorité pour la transparence de la vie publique[366] et de l'office central de lutte contre la

- Legifrance (https://www.legifrance.gouv.fr), dédié à l'ensemble des textes législatifs et règlementaires. Il permet aux citoyens d'accéder à l'ensemble des différents actes normatifs encadrant la vie de la nation.

364 Le régime des aides à la presse se caractérise par la multiplicité des instruments. Ainsi, nous avons des aides au maintien du pluralisme, des tarifs bonifiés de transport postal fixés par l'Etat, aides au portage en dehors du réseau postal, fonds stratégique pour le développement de la presse (FSDP), aide à la distribution, les aides indirectes (d'ordre fiscal). Selon le ministère de la Culture et de la Communication, les aides à la presse ont atteint près de 800 millions d'euros en 2012364.

365 Loi n° 2013-031 du 23 juillet 2013 portant approbation du Code Transparence dans la gestion des finances publiques et le Décret n°2014-0607/P-RM du 13 août 2014 portant modalités d'accès aux informations et aux documents administratifs relatifs à la gestion des finances publiques et leur publication.

366 HATVP est chargée de recevoir, contrôler, avec l'administration fiscale, et publier les déclarations de situation patrimoniale et les déclarations d'intérêts de certains responsables publics: parlementaire, ministre, etc. Elle peut

corruption et les infractions financières et fiscales (OCLCIFF)[367].

D'après la circulaire de politique pénale en date du 31 janvier 2014, le procureur de la République financier, qui fait appel à des services d'enquêtes dédiés, a vocation à travailler en particulier avec l'Office central de lutte contre la corruption et les infractions financières et fiscales (OCLCIFF).

Le Mali peut se servir de ce modèle pour élargir le champ de l'OCLEI aux parlementaires et au respect du code d'éthique et de déontologie (déclaration et conflit d'intérêt). Également, les trois pôles économiques (Kayes, Bamako et Mopti) peuvent être réunis dans un seul parquet spécialisé auprès d'un Tribunal également spécial en matière de lutte contre la fraude fiscale et la grande délinquance économique et financière.

également être consultée par ces mêmes responsables publics sur des questions de déontologie et de conflit d'intérêts relatifs à l'exercice de leur fonction et émettre des recommandations à la demande du Premier ministre ou de sa propre initiative.

[367]OCLCIFF est compétent « dans les domaines de la corruption nationale et internationale, les atteintes à la probité, les infractions au droit des affaires, la fraude fiscale complexe et le blanchiment de ces infractions. ».
Une circulaire du ministère de la justice précise le champ de compétence, en le complétant des « infractions en matière de financement de la vie politique [et] délits de fraude électorale lorsque les affaires sont ou paraissent d'une grande complexité, ainsi qu'au blanchiment de ces infractions et aux infractions qui leur sont connexes ».

CONCLUSION

« Les finances publiques sont souvent à l'origine de transformations essentielles des institutions administratives et politiques »[368] . Ainsi, les finances publiques, compte tenu de leur impact direct sur l'atteinte des objectifs de toutes les politiques, constituent un levier essentiel de la bonne gouvernance.

Conscient de ce défi, le Mali s'est engagé depuis 1998 dans un processus de renforcement substantiel des systèmes de gestion des finances publiques avec l'introduction des concepts et des outils de la gestion axée sur les résultats. Ainsi, il a élaboré et exécuté de 2006 à 2009, le premier Plan d'Action du Gouvernement relatif à l'Amélioration et à la Modernisation de la GFP au Mali (PAGAM/GFP I).

Entre temps, au niveau communautaire, par une conjonction de plusieurs facteurs dont principalement les conditionnalités externes, les pays membres de UEMOA ont adopté les six principales directives (couvrant les aspects juridiques, comptables et statistiques) en juin 2009, assorties d'un calendrier d'opérationnalisation allant du 1er janvier 2012, pour la transposition en droits nationaux des États, au1er janvier 2017 pour l'entrée en plein régime de performance *budgeting.*

Fort des leçons tirées de l'évaluation du PAGAM/GFPII et de l'exercice PEFA 2010, le deuxième Plan d'Action du Gouvernement relatif à l'Amélioration et à la Modernisation de la GFP au Mali a été adopté et mis en œuvre sur la période 2011-2015.

---

[368] Bouvier (Michel*), « Mutations des finances publiques : du "macro" au "micro" »,* RFFP, n°79, 2002.

Par la suite, le Gouvernement du Mali a adopté le 21 septembre 2016 le Plan de Réforme de la Gestion des Finances Publiques du Mali (PREM) sur la période 2017-2021. Il s'est agi, à travers ce nouveau cadre, d'inscrire les réformes des finances publiques dans une vision claire et cohérente avec le Cadre Stratégique pour la Relance Économique et le Développement Durable (CREDD) 2016-2018 et le nouveau Programme de Développement Institutionnel (PDI), tout en se basant sur les enseignements tirés du PAGAM/GFPII et de l'exercice PEFA 2016.

Ainsi, le Mali, sans parachever la mise en place d'un État inspiré du modèle wébérien s'engageait à mettre en place les nouveaux outils du *New management public* (NPM). En effet, comme le signalait Philippe Bezes[369] « Dans d'autres circonstances (les pays africains), l'importation du NPM va à contre-courant des exigences affichées de renforcement des capacités institutionnelles en affaiblissant l'administration [...]. Les effets pervers sont importants et les organisations internationales elles-mêmes ont parfois réalisé qu'il était dangereux de promouvoir les instruments du NPM avant le développement de formes administratives wébériennes ».

Après 10 ans (2009-2019) de mise en œuvre du cadre harmonisé des finances publiques, dont deux années d'exercice effectif du budget-programme au Mali (2018-2019), les résultats obtenus sont mitigés car la réforme reste confrontée à plusieurs défis. Certaines dispositions méritent des révisions pour intégrer pleinement les logiques qui sous-tendent le NPM.

---

[369]Bezes (Philippe), *Construire des bureaucraties wébériennes à l'ère du new public management ?*, Presses de Sciences Po | « Critique internationale », 2007/2 n° 35 | pages 9 à 29, https://www.cairn.info/revue-critique-internationale-2007-2-page-9.htm

Il s'agit de parachever la réforme institutionnelle pour équilibrer les pouvoirs entre les institutions en place, renforcer la redevabilité et la transparence, lutter contre l'impunité, faciliter les conditions de mise en œuvre des politiques publiques, réduire la dépendance financière vis-à-vis de l'extérieur et garantir la paix et la sécurité.

Cette réforme institutionnelle, bien qu'indispensable, ne sera efficace que si elle est accompagnée d'une réforme administrative et territoriale pour mieux clarifier les rôles et responsabilités des administrations centrales, des services déconcentrés et des collectivités territoriales dans la mise en œuvre des politiques publiques. Cette clarification doit permettre de réorganiser l'État au niveau central et territorial en vue de dynamiser le dialogue de gestion à tous les échelons.

Ces réformes institutionnelle, administrative et territoriale nécessiteront une refondation des fonctions publiques de l'État et des collectivités territoriales. Il s'agit d'y asseoir la culture du résultat à travers une meilleure clarification des rôles et responsabilités des différents acteurs avec une très forte déconcentration de la fonction GRH au niveau ministériel, une réorganisation des statuts, la mise en place d'une gestion prévisionnelle des effectifs et des emplois (GPEC), la refondation de la politique salariale, celle du régime indemnitaire et des avantages en nature, la mise en place d'un code d'éthique et de déontologie, la mise en place d'une procédure d'alerte et enfin une déconcentration des organes de gouvernance paritaire.

La mise en œuvre de l'ensemble de ces réformes doit s'inscrire dans le cadre d'un pilotage stratégique rénové, permettant une meilleure articulation entre l'ensemble de ces réformes et celle des finances publiques. Il s'agira d'instituer auprès du Secrétariat général du Gouvernement une mission de coordination de l'ensemble des réformes, de créer un comité interministériel pour la réforme des finances publiques, de dynamiser les nouveaux organes de pilotage prévus dans le cadre du PDI II et d'ériger la CARFIP en direction nationale.

Plus spécifiquement, il s'agira aussi d'apporter des changements dans la mise en œuvre actuelle de la réforme des finances publiques. Pour ce faire, il faudrait rénover le cadre juridique communautaire qui, après 10 ans d'existence, semble dépassé. Ainsi, il s'agit d'élargir les autorisations d'engagement (AE) à d'autres natures de dépenses, d'introduire de nouveaux périmètres de politiques publiques, de réformer les régimes de responsabilités des ordonnateurs et des comptables publics, d'encadrer les mesures de régulation budgétaire, les modifications réglementaires et l'utilisation des budgets annexes et des comptes spéciaux, d'introduire de nouvelles dérogations au principe d'universalité, de refonder le contrôle financier et enfin d'introduire la modulation des contrôles comptables.

En attendant ces changements au niveau communautaire, il s'agit pour le Mali d'améliorer la qualité des documents budgétaires en instituant un comité interministériel d'audit des programmes, en mettant en place un organe indépendant d'évaluation de la qualité des prévisions budgétaires, en améliorant la crédibilité des procédures nationales pour en faire le meilleur moyen de mobilisation du financement extérieur, en instituant des missions permanentes de contrôle physique, en dynamisant le dialogue de gestion et enfin en améliorant les systèmes d'information.

Également, il faudrait renforcer le rôle du parlement en améliorant les conditions d'organisation des Débats d'Orientation Budgétaire, en renforçant le rôle des autres commissions, en rationnalisant le phénomène de l'« agencification » (opérateurs d'État), le recours aux budgets annexes, aux comptes spéciaux et aux imprévus budgétaires, en renforçant le droit d'amendement, en facilitant l'exploitation des documents budgétaires et enfin en faisant de la loi de règlement le véritable levier de l'évaluation de l'action gouvernementale.

Au-delà du renforcement du parlement, il y a lieu de garantir l'autonomie des gestionnaires en mettant la performance au centre de la préparation budgétaire, en respectant l'esprit de la réforme par rapport au contrôle sélectif, en supprimant les contrôles de légalité redondants, en transférant plus de responsabilités en matière de gestion des ressources humaines, en levant les obstacles à la délégation de pouvoir et enfin en facilitant la fongibilité asymétrique.

Cette autonomie des gestionnaires doit aller avec l'installation d'une culture de performance. Pour ce faire, il s'agit de créer les conditions d'une meilleure appropriation des outils de pilotage, de suivi et d'évaluation, en développant des stratégies pour la mise en place des lettres de missions, en intégrant au mieux les contrats de performance dans le dispositif de pilotage des opérateurs de l'État, en développant des stratégies pour la production des rapports de suivi trimestriels et des rapports annuels de performance de qualité et enfin en instituant un débat public sur les rapports annuels de performance.

À cela s'ajoute l'accélération de la réforme de la comptabilité patrimoniale par le renforcement du niveau de portage actuel, l'opérationnalisation de toutes les fonctionnalités du système d'information comptable, la définition d'une stratégie de recensement et de valorisation des biens mobiliers, immobiliers et des engagements hors bilan de l'État, l'amélioration de l'utilité de la comptabilité patrimoniale.

Enfin, une place importante doit être réservée au renforcement du dispositif de contrôle en accélérant la mise en place d'un dispositif fonctionnel de contrôle interne et de contrôle de gestion au niveau des programmes, en renforçant les capacités des structures de contrôle interne *a priori et* a postériori, en accélérant la création de la Cour des Comptes, en réorganisant les structures de contrôle interne et externe, en renforçant le contrôle parlementaire, en révisant les conditions d'organisation des missions d'audit et de contrôle, en renforçant le contrôle citoyen, et enfin en menant une lutte contre la corruption et l'enrichissement illicite.

Le Mali aura-t-il toutes les ressources matérielles, intellectuelles et morales nécessaires pour conduire tous ces changements ? Il devra opérer un changement d'organisation toujours complexe et qui repose sur des atouts relevant à la fois de la technique, de la gestion, de la sociologie, de la psychologie et de la culture[370].

---

[370]Revue française de finances publique, N°98, juin 2007, Michel Bouvier.

BIBLIOGRAPHIE

I. Ouvrages généraux

- Bezes (Philippe), *Réinventer l'Etat, les réformes de l'administration française (1962-2008)*, Paris, PUF, 2009.
- Bezes (Philippe), Siné (Alexandre), *Gouverner (par) les finances publiques*, Paris, SciencesPo. Les Presses, 2011.
- Bouvier (Michel) (dir.), *la gestion de la dépense publique dans les pays de l'Afrique francophone subsaharienne*, Paris, Ministère des affaires étrangères, 2004, page 45.
- Carpenter (Vivian L), Feroz (Ehsan H.), *« Institutional theory and accounting rule choice: an analysis of four US state gouvernments' decisions to adopt generaly accepted accounting principes »*, Washington, Accounting, organizations and Society, Vol. 26, 2001, pages 565-596.
- Catteau (Damien), *Finances Publiques. Droit budgétaire et Comptabilité Publique 2018-2019*, Paris, hachette Supérieur, 5ème édition, 2019, pages 44-46.
- Copans (Jean), *L'Anthropologie, science des sociétés primitives*, Paris, Editions Denoël, Collection « Le Point de la question », 1972, page 4.
- DiMaggio (Paul J), Powel (Walter W), *« The Iron Case Revisited: Institutional Isomorphism and Collective Rationality in Organization Fields »*, American Sociological Review, 1983, pages 147-160.
- Epstein (David), O'Halloran (Sharyn), *Delegating Powers: A Transaction Cost Politics Approach to Policy Making under Separate Powers*, Cambridge, Cambridge University Press, 1999.
- Founou-Tchuigoua (Bernard), *« Afrique subsaharienne : état des lieux, état des luttes »*, in Amin (Samir), (dir.), *Afrique, exclusion programmée ou renaissance* ?, Forum du Tiers Monde, Forum mondial des alternatives, Paris, Les Editions Maisonneuve et Larose, 2005, (301 pages), page 276.
- Georges (Philippe), Siat (Guy), *Droit Public*, Paris, SIREY, 16ème édition, page 15/570.
- Gilles (William), *Les transformations du principe de l'unité budgétaire dans le système financier public contemporain*, Paris, Dalloz, 2007.

- Inglebert (Xavier), *Manager avec la LOLF : pratiques de la nouvelle gestion publique*, Paris, groupe revue fiduciaire, collection « Réforme de l'Etat », 2ème édition, 2009.
- Jobert (Bruno), *Le tournant néo-libéral en Europe*, Paris, L'Harmattan, 1994.
- Mback (Charles Nach), *Démocratisation et décentralisation*, Paris, Karthala- PDM 2003, 528 pages.
- Médard (Jean François), *Etats d'Afrique Noire*, Paris, Editions Karthala, 1992, page 361.
- Mekhantar (Joël), *Finances publiques de l'Etat. La LOLF et le nouveau droit budgétaire*, Paris, hachette Supérieur, 2010, pages 119-122.
- Meyer (Rowan), *«Institutionnalorganizations : formal structure as myth an ceremony »*, American Journal of Sociology, vol.83, n°2, 1997, pages 340-363.
- Miller (Gary), *« Above Politics: Credible Commitment and Efficiency in the Design of Public Agencies »*, Journal of Public Administration Research and Theory, vol. 10, no 2, 2000, p. 289-327.
- Mordacq (Frank), *Les Finances Publiques*, Paris, PUF, Coll. /Que-sais-je, 2ème édition, 2012,
- Paul (Michel), *L'essentiel de la LOLF, la nouvelle constitution financière de la France*, Paris, Gualino, 2ème édition, 2007, 192 pages.
- Pollitt (Christopher), Talbot (Colin) (dir.), *Unbundled Government: A Critical Analysis of the Global Trend to Agencies, Quangos and Contractualisation*, London, Routledge, Routledge Studies in Public Management, 2004.
- Saunier (Philippe), *Politique de la comptabilité publique*, Paris, L'Harmattan, 2013, 188 pages.
- Scott (W. Richard), *« Institutions and organizations »*, Stanford University, Sage, 1995, 178 pages.
- Shughart (William F), Razzolini (Laura), *The Elgar Companion to Public Choice*, Cheltenham, Edward Elgar Pub, 2001.
- Sissoko (Diango), *La Fonction publique en Afrique noire : le cas du Mali*, Rouen, Publication Université de Rouen, n°116, 1986, 300 pages.

Weber (Max), *Économie et société*, vol. 1, tome 1, Paris, Agora Pocke, 2003.

II. Ouvrages spéciaux et thèses

➢ **Mémoires soutenus (CIL) :**

- Aluiz (Abdelmajid), *La loi organique du 1er août 2001 [LOLF] et la modernisation de la gestion publique en France : vers une gestion axée sur la performance*, sous la direction de Thierry Courtine, ENA, Promotion Léopold Sédar Senghor, 2002-2004
- Bocoum (Wourouma), *Le contrôle juridictionnel des finances publiques au Mali: contributions à la création d'une juridiction financière autonome*, sous la direction de Christophe Pierucci, ENA, Université de Strasbourg, Promotion Georges Clemenceau 2017-2018.
- Morou (Aftar), *Réforme des finances publiques et modernisation de l'administration publique au Togo : défis, impact et perspectives, une approche comparée avec certaines pratiques en France et quelques pays de l'OCDE,* sous la direction de Christophe Pierucci, ENA, Université Strasbourg, Promotion Jean Zay, 2012-2013.
- OndouaEkobena (Jean Marie), *Les démarches de modernisation du système camerounais de contrôle des finances publiques*, sous la direction de Christophe Pierucci, ENA, Université Strasbourg, Promotion Jean Zay, 2012-2013.
- Ralaimarolahy (Hajandraisoanirina), *Evaluation de la réforme budgétaire malgache*, sous la direction de Renaud Dorandeu, ENA, Université Paris Dauphine, Promotion Jean-Jacques Rousseau, 2010-2011.
- Schouel (Siméon Arris), *La nécessaire réforme du droit budgétaire camerounais*; sous la direction de Robert Hertzog, ENA, Promotion Aristide Briand, 2006-2008.
- Senoussi (Hassan Abdoulaye), *Le développement du contrôle et de l'audit internes dans l'administration publique au Tchad*, sous la direction de Christophe Pierucci, ENA, Université Strasbourg, Promotion Jean de La Fontaine, CIL 2013-2014.

➢ **Mémoires soutenus (CIP) :**

- Ahamada (Abdérémane Ali), *La maîtrise de la dépense publique : enjeux et perspectives - cas de l'union des Comores*, sous la direction d'AboubakrySy, ENA, Université de Strasbourg, CIP 2017-2018, promotion Louis Pasteur.
- Ba (Oumar Samba), *Une analyse des procédures budgétaires au Sénégal en vue d'améliorer la performance des*

administrations, sous la direction de Robert Hertzog, ENA, CIC-CIAP, 2007-2008.

- Bah (Gando), *Dans quelle mesure les nouveautés introduites par l'adoption de la Loi Organique relative aux lois des finances en Guinée conduisent-elles à des améliorations en termes de gestion des finances publiques ?*, sous la direction de Guy Siat, ENA, Université de Strasbourg, CIP 2017-2018, promotion Louis Pasteur.
- Bessala (Patrick Hervé), *Bilan et perspectives de la mise en œuvre de la réforme "lolfienne" des finances publiques en République du Cameroun*, sous la direction de Robert Hertzog, ENA, Université de Strasbourg, CIP 2017-2018, promotion Louis Pasteur.
- Elhammoumi (Ahmed), *La gestion axée sur la performance : le cas de la fonction achat du ministère de l'Education nationale et de ses opérateurs*, sous la direction de Damien Broussolle, ENA, Université de Strasbourg, CIP 2016-2017, promotion Alan Turing.
- El Hanchi (Mohamed), *La réforme budgétaire au Maroc : cas du Ministère de l'économie et des finances*, sous la direction de Robert Hertzog, ENA, CIC-CIAP, 2009-2010.
- Guindo (Moumouni), *Le système de contrôle des finances publiques du Mali et le principe d'efficience de l'action publique*, sous la direction de Robert Hertzog, ENA, Université de Strasbourg, CIP P2014-2015, promotion Olympe de Gouges.
- Obam (Richard Evina), *L'intégration du pilotage des performances en finances publiques camerounaises*, sous la direction de Robert Herzog, ENA, CIC-CIAP, 2004-2005.
- Prophete (Duquesne), *L'impact de la réforme budgétaire de 2005 sur la gestion publique en Haïti*, sous la direction de Robert Hertzog, ENA, Université de Strasbourg, CIP 2015-2016, promotion Palmyre.
- Ratovoaritsoa (Tahiry A), *L'impact de la situation des finances publiques sur le développement à Madagascar*, sous la direction de Claire Mainguy, ENA, Université de Strasbourg, CIP 2015-2016, promotion Palmyre.
- Samaké (Siaka), *Le passage à la comptabilité publique en droits constatés, Enjeux techniques et défis de pilotage au*

Mali, sous la direction de Jean-Norbert CHRIST, ENA, Université de Strasbourg, CIP 2016-2017, Promotion Alan Turing.

- Takoubakoye (Aminata), *Gouvernance financière par la performance au Niger : défis de la mise en œuvre de la LOLF au Niger et proposition de démarche à la lumière de l'expérience française,* sous la direction de Jérôme Dietenhoeffer, ENA, Université de Strasbourg, CIP 2016-2017, promotion Alan Turing.
- Vangu-ki-Nsongo (Baby), *Les problèmes liés à la mise en place du budget programme en République Démocratique du Congo,* sous la direction de Guy Siat, ENA, Université de Strasbourg, CIP 2015-2016, promotion Palmyre.
- Yerada (Chérubin Marcel), *Bonne gouvernance et gestion des finances publiques : cas de la République centrafricaine,* sous la direction de Bruno Trescher ; ENA, CIC-CIAP, 2008-2009.

➢ **Thèses soutenues:**

- Ba (Boubacar Demba), « *Finances publiques et gestion par la performance dans les pays membres de l'UEMOA: étude de cas du Sénégal* », sous la direction de Jean-Pierre Duprat- Université de Bordeaux- soutenue en 2015.
- Batonon (Serge B), « *Les systèmes financiers publics des Etats de l'UEMOA à l'épreuve de la nouvelle gouvernance financière publique* », sous la direction de Amavi Gustave KOUEVI. Université Panthéon-Sorbonne - Paris I, soutenue en 2016.
- Catteau (Damien), « *La LOLF et la modernisation de la gestion publique : la performance, fondement d'un droit public financier rénové* », sous la direction de Xavier Vandendriessche.-Lille 2- soutenue en 2005.
- Diarra (Zoumane), « *Les mutations de la haute fonction publique au Mali : une contribution à l'étude de la réforme de l'Etat* » sous la direction de Jean-Charles FROMENT – Université de Grenoble – soutenue en 2014.
- Fischer (Bénédicte), « *Les relations entre l'administration et les administrés au Mali : contribution à l'étude du droit administratif des Etats d'Afrique subsaharienne de tradition juridique française* », sous la direction de Jean-Jacques GLEIZAL- Université de Grenoble – Soutenue en 2011.

- Kharrouby (Samir), *« L'efficacité de la dépense publique en France : enjeux, bilan et perspectives »,* sous la direction de Éric Oliva. –Aix-Marseille-soutenue en 2015.
- Masou (Roula), *« L'analyse de la performance publique dans le cadre de la réforme budgétaire de l'Etat : le cas de l'expérience française : la LOLF »*, sous la direction de Emmanuel Okamba.-Paris Est – soutenue en 2011.

III. Articles :

- Arkwright (Edward), de Boissieu (Christian), Lorenzi (Jean-Hervé), Samson (Julien), *« Economie politique de la LOLF »*, la Documentation française, Paris, 2007.
- Basseres (Jean), directeur général de la comptabilité publique, Intervention au 2e forum international de la gestion publique, 18 décembre 2000, publiée dans la Revue du Trésor, n° 3-4, mars-avril 2001.
- Bayart (Jean-François), *« Les Sociétés africaines face à l'État »*, Paris, in Pouvoirs (Revue Française d'Etudes Constitutionnelles et Politiques), 1983, n°25, page 25.
- Bezes (Philippe), *« Construire des bureaucraties wébériennes à l'ère du new public management ? »,* Presses de Sciences Po | « Critique internationale », 2007/2 n° 35 | pages 9 à 29, https://www.cairn.info/revue-critique-internationale-2007-2-page-9.htm
- Blöndal (Jon R), *« Comptabilité et budgétisation sur la base des droits constatés : questions clés et développements récents »,* Revue de l'OCDE sur la gestion budgétaire, Vol. 3, n°1, 2003, p. 47-65
- Bouvier (Michel), *« Nouvelle gouvernance financière publique durable et conduite de la réforme budgétaire dans les pays en développement »,* RFFP, n°98, juin 2007.
- Darbon (Dominique), *« Réformer ou reformer les administrations projetées des Afriques ? Entre routine antipolitique et ingénierie politique contextuelle »*, Revue française d'administration publique, 105-106, 2003, p. 135-152.
- de Reilhan (Georges), *« le principe de sincérité budgétaire : l'effectivité des saisines du Conseil constitutionnel à l'épreuve*

des rapports de la Cour des comptes sur l'exécution des lois de finances.» RFFP, n°78, juin 2002, pp.187-206.

- Dejean (Frédérique), Saboly (Michèle), « La profession comptable : entre mimétisme et rivalité ? » Cahiers de recherche, IAE Toulouse, n° 175, juillet 2006, p. 1-18.
- Flinders (Matthew), *« Distributed Public Governance in the European Union »,* Journal of European Public Policy, 2004.
- Hibou (Béatrice), *« Economie politique du discours de la Banque mondiale en Afrique sub-saharienne : Du catéchisme économique au fait (et méfait) missionnaire »,* Etudes du CERI, 1998, pp.1-46. ffhal01010654
- Médé (Nicaise*), « Réflexion sur le cadre harmonise des finances publiques dans l'espace UEMOA »,* accessible sur Internet à travers l'URL http://afrilex.u-bordeaux4.fr/reflexion-sur-le-cadre-harmonise.html
- Médé (Nicaise), *"L'autonomie « retenue » : Étude sur le principe de libre administration des collectivités territoriales en Afrique de l'ouest francophone",* Revue Juridique et Politique des Etats Francophones n°2 avril/juin 2008 ; Cahiers Africains d'Administration Publique, n°73/2009, p.1.
- Mordacq (Frank), *« La comptabilité générale par destination de la dépense ou l'information sectorielle dans les comptes de l'Etat »,* dans la revue gestion et finances publiques n°11/12, novembre-décembre 2014, spécialement p. 119.
- Osborne (David), Gaebler (Ted), *"Reinventing Government: How the Entrepreneurial Spirit Is Transforming the Public Sector",* Reading, Addison-Wesley Publishing Company, Inc, 1992.
- Renouard (Louis), *« La loi de finances rectificative du 28 décembre 2011 : évolutions de la responsabilité personnelle et pécuniaire des comptables publics »,* AJDA 19 mars 2012, p.536.
- Rigaud (Benoît), *« Agence »,* dans L. Côté et J.-F. Savard (dir.), Le Dictionnaire encyclopédique de l'administration publique, Canada, 2012, [en ligne], www.dictionnaire.enap.ca.
- Ruffner (Michael), Sevilla (Joaquin), *« Modernisation du secteur public : moderniser la responsabilité et le contrôle »,* Revue de l'OCDE sur la Gestion Budgétaire, Vol. 4, n°2, 2004, p.142.

- Sintomer (Yves), *« La démocratie participative »,* Problèmes Politiques et Sociaux, n° 959, Paris, La Documentation Française, 2009, p. 7. «
- Sonia (Languille), *« Mali : la politique de décentralisation à l'heure de l'« Agenda de Paris » pour l'efficacité de l'aide », Politique africaine,* 2010/4 (N° 120), p. 129-152. DOI : 10.3917/polaf.120.0129. URL : https://www.cairn.info/revue-politique-africaine-2010-4-page-129.htm
- Touré (Cheickna), *« le système de contrôle des finances publiques au Mali »,* accessible sur internet à travers l'URL http://afrilex.u-bordeaux4.fr/sites/afrilex/IMG/pdf/04dos8toure.pdf
- Yataganas (Xénopon), "Delegation of Regulatory Authority in the European Union: The Relevance of the American Model of Independent Agencies", Cambridge, Harvard Law School, Jean Monnet Working Paper, 2001.

IV. Documents officiels et rapports divers

France

Assemblée nationale

- Commission des finances, de l'économie générale et du plan, *Rapport d'information sur la mise en œuvre de la loi organique n° 2001-692 du 1er aout 2001 relative aux lois de finances,* Paris, Assemblée nationale, 10 juillet 2003. Disponible sur : www.assemblee-nationale.fr, consulté le 12 février 2019.
- Commission des finances, de l'économie générale et du plan, *Rapport d'information sur la mise en œuvre de la loi organique n° 2001-692 du 1er aout 2001 relative aux lois de finances,* Paris, Assemblée nationale, 28 avril 2004. Disponible sur : www.assemblee-nationale.fr, consulté le 12 février 2019.
- Commission des finances, de l'économie générale et du plan, *Rapport d'information sur la mise en œuvre de la loi organique n° 2001-692 du 1er aout 2001 relative aux lois de finances,* Paris, Assemblée nationale, 15 juin 2006. Disponible sur : www.assemblee-nationale.fr, consulté le 12 février 2019.
- Commission des finances, de l'économie générale et du plan, *Rapport d'information sur la mise en œuvre de la loi organique n° 2001-692 du 1er aout 2001 relative aux lois de finances,*

Paris, Assemblée nationale, 16 juillet 2008. Disponible sur : www.assemblee-nationale.fr, consulté le 12 février 2019.

- Commission des finances, de l'économie générale et du plan, *Rapport d'information sur les systèmes d'information financière de l'État*, Paris, Assemblée nationale, 13 janvier 2009. Disponible sur : www.assemblee-nationale.fr, consulté le 12 février 2019.
- Commission des finances, de l'économie générale et du plan, *Rapport d'information relatif à la performance dans le budget de l'Etat*, Paris, Assemblée nationale, 24 juin 2009. Disponible sur : www.assemblee-nationale.fr, consulté le 12 février 2019.
- Commission des finances, de l'économie générale et du plan, *Rapport d'information sur les systèmes d'information financière de l'État*, Paris, Assemblée nationale, 08 juillet 2009. Disponible sur : www.assemblee-nationale.fr, consulté le 12 février 2019.
- Commission des finances, de l'économie générale et du plan, *Rapport d'information sur l'articulation entre la LOLF et les réformes de l'organisation de l'État*, Paris, Assemblée nationale, 07 juillet 2010. Disponible sur : www.assemblee-nationale.fr, consulté le 12 février 2019.
- Commission des finances, de l'économie générale et du plan, *Rapport d'information sur les décisions d'attribution des moyens budgétaires (préparation du projet de loi de finances, appropriation de la LOLF par le Parlement)*, Paris, Assemblée nationale, 12 juillet 2011. Disponible sur : www.assemblee-nationale.fr, consulté le 12 février 2019.
- Commission des finances, de l'économie générale et du contrôle budgétaire, *Rapport d'information en conclusion des travaux d'une mission d'information relative à la mise en œuvre de la loi organique relative aux lois de finances relative à la mise en œuvre de la loi organique relative aux lois de finances*, Paris, Assemblée nationale, 11 septembre 2019. Disponible sur : www.assemblee-nationale.fr, consulté le 12 février 2019.

Assemblée nationale/Sénat

- Alain Lambert, Ancien Ministre, Sénateur de l'Orne et Didier Migaud, Ancien Rapport général du Budget, Député de l'Isère, *Rapport au Gouvernement sur la mise en œuvre de la loi organique relative aux lois de finances, à l'épreuve de la pratique, insuffler une nouvelle dynamique à la réforme*, Paris, Assemblée nationale/Sénat, Octobre 2006. Disponible sur :www.performance-publique.budget.gouv.fr, consulté le 12 février 2019.

Cour des comptes

- Cour des comptes, *Rapport public thématique sur la mise en œuvre de la loi organique relative aux lois de Finances (LOLF) : Un bilan pour de nouvelles perspectives*, Paris, Cour des comptes, novembre 2011. Disponible sur :www.ccomptes.fr, consulté le 12 février 2019.
- Cour des comptes, *Rapport public thématique sur la comptabilité générale de l'état, dix ans après, une nouvelle étape à engager*, Paris, Cour des comptes, février 2016. Disponible sur :www.ccomptes.fr, consulté le 12 février 2019.
- Cour des comptes, *Rapport annuel sur les finances et les comptes publics, le budget de l'Etat en 2017, Résultats et gestion*, Paris, Cour des comptes, mai 2018. Disponible sur :www.ccomptes.fr, consulté le 12 février 2019.
- Cour des comptes, *Rapport annuel sur les finances et les comptes publics, le budget de l'Etat en 2018, Résultats et gestion*, Paris, Cour des Comptes, mai 2019. Disponible sur :www.ccomptes.fr, consulté le 10 juin 2019.

Ministère de l'économie, des finances et de l'industrie

- Direction de la réforme budgétaire**,** *Rapport sur la préparation de la mise en œuvre de la loi organique n°2001-692 du 1er aout 2001 relative aux lois de finances, en application de l'article 109 de la loi de finances pour 2003*, Paris, Ministère de l'économie, des finances et de l'industrie, mai 2003. Disponible sur : www.vie-publique.fr, consulté le 12 février 2019.
- Direction de la réforme budgétaire, *Rapport sur la préparation de la mise en œuvre de la loi organique n° 2001-692 du 1er août 2001 relative aux lois de finances, en application de l'article 109 de la loi de finances pour 2003*, Paris, Ministère de l'économie, des finances et de l'industrie, juin 2004. Disponible sur : www.amue.fr , consulté le 12 février 2019
- Direction de la réforme budgétaire, *Rapport sur la préparation de la mise en œuvre de la loi organique n° 2001-692 du 1er*

août 2001 relative aux lois de finances, en application de l'article 109 de la loi de finances pour 2003, Paris, Ministère de l'économie, des finances et de l'industrie, juin 2005.

Sénat

- Commission des Finances, du contrôle budgétaire et des comptes économiques de la Nation, *Rapport d'information sur l'état d'avancement de la mise en œuvre de la loi organique du 1er août 2001 relative aux lois de finances*, Paris, Sénat, 09 juillet 2003. Disponible sur : www.senat.fr, consulté le 12 février 2019.
- Commission des Finances, du contrôle budgétaire et des comptes économiques de la Nation, *Rapport d'information sur l'état d'avancement de la mise en œuvre de la loi organique du 1er août 2001 relative aux lois de finances*, Paris, Sénat 05 mai 2004. Disponible sur : www.senat.fr, consulté le 12 février 2019.
- Commission des Finances, du contrôle budgétaire et des comptes économiques de la Nation, *Rapport d'information sur les objectifs et les indicateurs de performance de la LOLF*, Paris, Sénat, 02 mars 2005. Disponible sur : www.senat.fr, consulté le 12 février 2019.
- Commission des Finances, du contrôle budgétaire et des comptes économiques de la Nation, *Rapport d'information sur les dépenses de fonctionnement des préfectures, sur les dépenses de fonctionnement des préfectures*, Paris, Sénat, 18 octobre 2006. Disponible sur : www.senat.fr, consulté le 12 février 2019.
- Commission des Finances, du contrôle budgétaire et des comptes économiques de la Nation, *Rapport d'information sur les dépenses de fonctionnement des préfectures, sur les dépenses de fonctionnement des préfectures*, Paris, Sénat, 18 octobre 2006. Disponible sur : www.senat.fr, consulté le 12 février 2019.
- Commission des Finances, du contrôle budgétaire et des comptes économiques de la Nation, *Rapport d'information sur l'état d'avancement de la mise en œuvre de la loi organique du 1er août 2001 relative aux lois de finances*, Paris, Sénat, 12 avril 2006. Disponible sur : www.senat.fr, consulté le 12 février 2019.

- Commission des Finances, du contrôle budgétaire et des comptes économiques de la Nation, *Rapport d'information sur les suites données à ses contrôles budgétaires effectués en 2006*, Paris, Sénat, 25 septembre 2007. Disponible sur : www.senat.fr, consulté le 12 février 2019.
- Commission des Finances, du contrôle budgétaire et des comptes économiques de la Nation, *Rapport d'information sur le contrôle budgétaire*, Paris, Sénat, 08 juin 2008. Disponible sur : www.senat.fr, consulté le 12 février 2019.
- Commission des Finances, du contrôle budgétaire et des comptes économiques de la Nation Rapport d'information sur les modalités d'application de la loi organique du 1er août 2001 relative aux lois de finances (LOLF) dans les directions régionales des affaires culturelles (DRAC), Paris, Sénat, 11 juin 2008. Disponible sur : www.senat.fr, consulté le 12 février 2019.
- Commission des Finances, *Rapport d'information sur le compte d'affectation spéciale « Pensions »*, Paris, Sénat, 10 juillet 2012. Disponible sur : www.senat.fr, consulté le 12 février 2019.
- Commission des Finances, *Rapport d'information sur l'enquête de la Cour des comptes relative au recensement et à la comptabilisation des engagements hors bilan de l'État*, Paris, Sénat, 15 mai 2013. Disponible sur : www.senat.fr, consulté le 12 février 2019.

Mali

Cadres Stratégiques :

- Cellule CSLP, *Cadre Stratégique de Lutte contre la Pauvreté (CSLP 1ère génération 2002-2006)*, Bamako, Secrétariat général du Ministère de l'Economie et des Finances, mai 2002.
- Cellule CSLP, *Evaluation finale de la mise en œuvre du CSLP, 1ère génération*, Bamako, Secrétariat général du Ministère de l'Economie et des Finances, juin 2006.
- Cellule CSLP, *Cadre Stratégique pour la Croissance et la Réduction de la Pauvreté (CSLP 2ème génération 2007 – 2011)*, Bamako, Secrétariat général du Ministère de l'Economie et des Finances, novembre 2006.

- Cellule CSLP, Evaluation finale de la mise en œuvre du CSLP, 2ème génération, Bamako, Secrétariat général du Ministère de l'Economie et des Finances.
- Cellule CSLP, *Cadre Stratégique Pour la Croissance et la Réduction de la Pauvreté (CSCRP 2012-2017 : CSLP 2ème génération),* Bamako, Secrétariat général du Ministère de l'Economie et des Finances, décembre 2011.
- Cellule CSLP, Plan pour la Relance Durable du Mali (PRED 2013-2014), Bamako, Secrétariat général du Ministère de l'Economie et des Finances, avril 2013.
- Cellule CSLP, Evaluation finale de la mise en œuvre du PRED 2013-2014, Bamako, Secrétariat général du Ministère de l'Economie et des Finances, février 2015.
- Cellule CSLP, Cadre Stratégique pour la Relance Economique et le Développement Durable du Mali (CREDD 2016 -2018), Bamako, Secrétariat général du Ministère de l'Economie et des Finances, avril 2016.

Réformes Institutionnelles :

- CDI, *Programme de Développement Institutionnel (PDI 1ère génération) -2003-2015,* Bamako, Commissariat au Développement Institutionnel, juillet 2003.
- CDI, *Evaluation finale de la mise en œuvre du PDI, 1ère génération,* Bamako, Commissariat au Développement Institutionnel, juillet 2015.
- CDI, *Programme de Développement Institutionnel (PDI 2eme génération) -2017-2021,* Bamako, Commissariat au Développement Institutionnel, mars 2017.
- CDI, *Plan Opérationnel 2017-2021 du Programme de Développement Institutionnel (PDI 2eme génération) -2017-2021,* Bamako, Commissariat au Développement Institutionnel, mars 2017.

Finances Publiques :

- CARFIP, *Plan d'Action Gouvernemental sur l'Amélioration / Modernisation de la Gestion des Finances Publiques,* Bamako, Secrétariat général du Ministère de l'Economie et des Finances, mai 2005.

- CARFIP, *Evaluation de la mise en œuvre du PAGAM/GFP sur la période 2006 – mi 2009*, Bamako, Secrétariat général du Ministère de l'Economie et des Finances, novembre 2009 ;
- CARFIP, *Plan d'Action Gouvernemental pour l'Amélioration et la Modernisation de la Gestion des Finances Publiques : Phase II*, Bamako, Secrétariat général du Ministère de l'Economie et des Finances, juin 2010 ;
- CARFIP, *Chronogrammes du PAGAM/GFP II - 2011, 2012, 2013, 2014, 2015 et 2016*, Bamako, Cellule d'Appui à la Réforme des Finances Publique, 2010, 2011, 2012, 2013, 2014 et 2015.
- CARFIP, *Rapports d'évaluation de la mise en œuvre du PAGAM/GFP II – 2011, 2012, 2013, 2014, 2015 et 2016*, Bamako, Cellule d'Appui à la Réforme des Finances Publique, 2010, 2011, 2012, 2013, 2014 et 2015.
- CARFIP, *Evaluation Finale du PAGAM GFP II – Mali*, Bamako, Secrétariat général du Ministère de l'Economie et des Finances, juillet 2016.
- CARFIP, *Plan de réforme de la gestion des finances publiques au Mali (PREM) 2017-2021*, Bamako, Secrétariat général du Ministère de l'Economie et des Finances, septembre 2016.
- CARFIP, *Cadre de programmation opérationnelle triennale 2017-2019 du Plan de réforme de la gestion des finances publiques au Mali (PREM) 2017-2021*, Bamako, Secrétariat général du Ministère de l'Economie et des Finances, septembre 2016.
- CARFIP, *Chronogrammes du PREM – 2017, 2018et 2019*, Bamako, Cellule d'Appui à la Réforme des Finances Publique, 2016, 2017 et 2018.
- CARFIP, *Rapport annuel d'évaluation de la mise en œuvre du PREM – 2017*, Bamako, Cellule d'Appui à la Réforme des Finances Publique, février 2018.

Rapports d'études et d'évaluations :

- CDI, *Etude pour la mise en place aux niveaux Région et Cercle d'instances uniques d'orientation et de suivi des actions de développement, Rapport final*, Bamako, Commissariat au Développement Institutionnel, août 2006, 40 pages.
- CDI, *Audit de la fonction gestion des ressources humaines au sein de l'Administration publique, Rapport final*, Bamako,

Commissariat au Développement Institutionnel, janvier 2006, 87 pages.

- CDI, *Mise en place d'un système d'incitation statutaire pour gérer la mobilité des fonctionnaires dans les zones difficiles, Rapport définitif*, Bamako, Commissariat au Développement Institutionnel, septembre 2006, 87 pages.
- Banque mondiale-Mali, *Rapport d'évaluation de la gestion des finances publiques et des pratiques de la profession comptable privée*, Bamako, Banque mondiale, novembre 2002 ;
- Banque mondiale-Mali, *Revue des Dépenses Publiques et de la Responsabilité Financière de l'État, Rapport n°46826-ML, volume II, « Rapport sur la Performance de la Gestion des Finances Publiques »*, Bamako, Banque mondiale, décembre 2008, 72 pages.
- ANPE, *Le Volume de l'emploi dans la Fonction publique Malienne, Rapport de l'exercice 2007*, Bamako, Agence Nationale pour l'emploi du Mali (ANPE)-Observatoire de l'emploi et de la Formation (OEF), 44 pages.
- CARFIP, *Evaluation de la gestion des finances publiques au mali selon la méthodologie PEFA 2006*, Bamako, Secrétariat général du Ministère de l'Economie et des Finances.
- Cellule CSLP, *Rapport sur le diagnostic des systèmes de contrôle public au Mali*, Bamako, Cellule du Cadre stratégique de lutte contre la pauvreté, 2008.
- CARFIP, *Evaluation du système national de passation des marchés à partir des Indicateurs de Base OCDE/CAD*, Bamako, Cellule d'Appui à la Réforme des Finances Publique, septembre 2011.
- CARFIP, *Evaluation de la gestion des finances publiques au mali selon la méthodologie PEFA 2010*, Bamako, Secrétariat général du Ministère de l'Economie et des Finances, juin 2011.
- CARFIP, *Etude relative à l'identification des ressources à transférer aux collectivités territoriales en concertation avec les parties prenantes*, Bamako, Cellule d'Appui à la Réforme des Finances Publique, août 2013.
- Cabinet du Ministre délégué chargé de la Décentralisation, *Les Etats généraux sur la décentralisation*, Bamako, Ministère de l'Administration Territoriale, Editions Tombouctou, octobre 2013.

- CARFIP, *Rapport de la mission relative à l'analyse des attributions des structures de contrôle externe*, Bamako, Cellule d'appui à la réforme des finances publiques, 2014.
- CARFIP, *Rapport du Fonds monétaire international sur l'audit de la chaîne de la dépense au Mali*, Bamako, Bamako, Secrétariat général du Ministère de l'Economie et des Finances, mars 2014.
- CARFIP, *Evaluation de la gestion des finances publiques au mali selon la méthodologie PEFA 2016*, Bamako, Secrétariat général du Ministère de l'Economie et des Finances, octobre 2018.
- ARMDS, *Rapports d'audit de conformité des procédures de passation, d'exécution et règlement des marchés passés au titre des exercices budgétaires 2009, 2010, 2011, 2012, 2013 et 2014, 2015,* Bamako, Autorité de régulation des marchés publics et des délégations de service public. Disponibles sur : www.armds.ml, consulté le 12 février 2019.
- ARMDS, *Rapports d'audit de l'exécution physique des marchés passés par les Autorités Contractantes au titre au titre des exercices budgétaire 2009, 2010, 2011, 2012, 2013 et 2014, 2015,* Bamako, Autorité de régulation des marchés publics et des délégations de service public. Disponibles sur : www.armds.ml, consulté le 12 février 2019.

IV. Webographie :

- www.afdb.org
- www.assemblee-nationale.fr
- http://assemblee-nationale.ml/
- www.banquemondiale.org
- www.bvg-mali.org
- www.ccomptes.fr
- www.cfctmali.ml
- www.cfdmali.org
- www.doingbusiness.org
- http://djo.journal-officiel.gouv.fr/MarchesPublics/
- https://www.ena.fr/Ressources-documentaires
- www.enamali.ml
- www.e-societecivilemali.ml
- www.finances.gouv.ml

- www.fipeco.fr
- www.fondafip.org
- www.imf.org
- www.izf.net
- www.jeuneafrique.com
- www.journaldunet.fr
- www.legifrance.gouv.fr
- www.lemonde.fr
- https://malijet.com/
- www.maliweb.net
- www.modernisation.gouv.fr
- www.oecd.org
- https://pefa.org/news
- www.performance-publique.budget.gouv.fr
- www.performance-publique.gouv.fr
- www.primature.gov.ml
- www.senat.fr
- www.transparency.org
- https://www.undp.org/
- https://www.vie-publique.fr/

Liste des annexes

- **Annexe 1:** Directives transposées dans la législation nationale.
- **Annexe 2 :** Critère de convergence de l'UEMOA et de la CEDEAO.

Annexe 1: Directives transposées dans la législation nationale.

Libellé directive	Texte de transposition dans la législation nationale
Directive n°1/2009/CM/UEMOA portant code de transparence dans la gestion des finances	Loi n°2013-031 du 23 juillet 2013 portant Code de Transparence dans la Gestion des Finances Publiques
Directive N°06/2009/CM/ UEMOA portant lois de finances au sein de l'UEMOA	Loi n°2013 -028 du 11 juillet 2013, modifiée, relative aux lois de finances
Directive N°07/2009/CM/UEMOA portant règlement général sur la comptabilité publique au sein de l'UEMOA	Décret n°2014-349/ P-RM du 22 mai 2014 portant règlement général sur la comptabilité publique abrogé par le Décret n° 2018-009/P-RM du 10 janvier 2018 portant règlement général sur la comptabilité publique
Directive N°08/2009/CM/UEMOA portant nomenclature budgétaire de l'Etat au sein de l'UEMOA	Décret n°2014-0694/P-RM du 12 septembre 2014 portant nomenclature budgétaire de l'Etat
Directive N°09/2009/CM/UEMOA portant plan comptable de l'Etat au sein de l'UEMOA	Décret n°2014-0774/P-RM du 14 octobre 2014 portant plan comptable de l'Etat
Directive N°10/2009/CM/UEMOA portant tableau des opérations financières de l'Etat au sein de l'UEMOA	Décret n°2014-350/ P-RM du 22 Mai 2014 portant tableau des opérations financières de l'Etat
Libellé directive	**Texte de transposition dans la législation nationale**
Directive n°01/2011/CM/UEMOA du 17 juin 2011 portant Régime Financier des Collectivités Territoriales au sein de l'UEMOA	Loi n°2017-051 du 02 octobre 2017 portant code des collectivités territoriales - Décret n°2019-0587/P-RM du 31 juillet 2019 portant régime financier spécifique des collectivités territoriales
Directive n° 03/2012/CM/UEMOA portant Comptabilité des Matières au sein de l'UEMOA.	Décret n°2019-0119/P-RM du 22 février 2019 portant réglementation de la comptabilité matières

Annexe 2 : Critère de convergence de l'UEMOA et de la CEDEAO.

TABLEAU 1: Position du Mali face aux critères de convergence de l'UEMOA

Critères de convergence	**Norme UEMOA**	**2018 Réalisatior**	**2019 Prévision Initiale**	**2019 Prévision Révisée**	**2020 Prévision**
Critères de premier rang					
Ratio du solde budgétaire global, dons inclus en %PIB	≥ - 3%	-4,7%	**-3,0%**	**-2,5%**	**-3,0%**
Taux d'inflation	≤ 3%	**1,7%**	**2,0%**	**0,4%**	**1,9%**
Encours de la dette publique rapporté au PIB	≤ 70%	**37,3%**	**37,5%**	**37,4%**	**38,2 %**
Critères de second rang					
Masse salariale sur recettes fiscales	≤ 35%	41,8%	37,3%	38,9%	36,8 %
Taux de pression fiscale	≥ 20%	11,8%	15,6%	15,0%	15,8 %
Nombre de critères respectés		**2**	**3**	**3**	**3**

Source : MEF, FMI, juin 2019.

Tableau 2: Position du Mali face aux critères de convergence de la CEDEAO

Critères de convergence	Norme CEDEAO	2018 Réalisation	2019 Prévision Initiale	2019 Prévision Révisée	2020 Prévision
Critères de premier rang					
Ratio du déficit budgétaire global hors dons sur le PIB nominal	≤ 3%	5,9%	5,0%	4,8%	5,0%
Taux d'inflation en fin de période	≤ 5%	**1,0%**	**2,1%**	**1,8%**	**1,9%**
Financement du déficit budgétaire par la Banque centrale des recettes fiscales de l'année antérieure*	≤10 %				
Réserves de change en mois d'importations*	≥ 6				
Critères de second rang					
Non accumulation des arriérés intérieurs et élimination de tous les anciens arriérés	0	**0,0**	**0,0**	**0,0**	**0,0**
Ratio recettes fiscales /PIB	≥20 %	11,8%	15,6 %	15,0 %	15,8 %
Masse salariale/ recettes fiscales ≤ 35%	≤ 35%	41,8%	37,3 %	38,9 %	36,8 %
Ratio investissements publics financés sur les ressources intérieures /Recettes fiscales	≥ 20%	**41,6%**	**36,3 %**	**37,8 %**	**34,3 %**
Stabilité du taux de change réel *					
Taux d'intérêt réel positif *					
Nombre de critères respectés		**3**	**3**	**3**	**3**

Source : MEF, FMI, juin 2019. **/. * Non applicable aux pays de l'UEMOA.**

TABLE DES MATIERES

Structures éditoriales du groupe L'Harmattan

L'Harmattan Italie
Via degli Artisti, 15
10124 Torino
harmattan.italia@gmail.com

L'Harmattan Hongrie
Kossuth l. u. 14-16.
1053 Budapest
harmattan@harmattan.hu

L'Harmattan Sénégal
10 VDN en face Mermoz
BP 45034 Dakar-Fann
senharmattan@gmail.com

L'Harmattan Cameroun
TSINGA/FECAFOOT
BP 11486 Yaoundé
inkoukam@gmail.com

L'Harmattan Burkina Faso
Achille Somé – tengnule@hotmail.fr

L'Harmattan Guinée
Almamya, rue KA 028 OKB Agency
BP 3470 Conakry
harmattanguinee@yahoo.fr

L'Harmattan RDC
185, avenue Nyangwe
Commune de Lingwala – Kinshasa
matangilamusadila@yahoo.fr

L'Harmattan Congo
67, boulevard Denis-Sassou-N'Guesso
BP 2874 Brazzaville
harmattan.congo@yahoo.fr

L'Harmattan Mali
Sirakoro-Meguetana V31
Bamako
syllaka@yahoo.fr

L'Harmattan Togo
Djidjole – Lomé
Maison Amela
face EPP BATOME
ddamela@aol.com

L'Harmattan Côte d'Ivoire
Résidence Karl – Cité des Arts
Abidjan-Cocody
03 BP 1588 Abidjan
espace_harmattan.ci@hotmail.fr

L'Harmattan Algérie
22, rue Moulay-Mohamed
31000 Oran
info2@harmattan-algerie.com

L'Harmattan Maroc
5, rue Ferrane-Kouicha, Talaâ-Elkbira
Chrableyine, Fès-Médine
30000 Fès
harmattan.maroc@gmail.com

Nos librairies en France

Librairie internationale
16, rue des Écoles – 75005 Paris
librairie.internationale@harmattan.fr
01 40 46 79 11
www.librairieharmattan.com

Librairie l'Espace Harmattan
21 bis, rue des Écoles – 75005 paris
librairie.espace@harmattan.fr
01 43 29 49 42

Lib. sciences humaines & histoire
21, rue des Écoles – 75005 paris
librairie.sh@harmattan.fr
01 46 34 13 71
www.librairieharmattansh.com

Lib. Méditerranée & Moyen-Orient
7, rue des Carmes – 75005 Paris
librairie.mediterranee@harmattan.fr
01 43 29 71 15

Librairie Le Lucernaire
53, rue Notre-Dame-des-Champs – 75006 Paris
librairie@lucernaire.fr
01 42 22 67 13

www.ingramcontent.com/pod-product-compliance
Lightning Source LLC
LaVergne TN
LVHW011010061026
849535LV00006B/1812
* 9 7 8 2 3 4 3 2 0 6 7 3 8 *